Selbstverpflichtung zum nachhaltigen Publizieren

Nicht nur publizistisch, sondern auch als Unternehmen setzt sich der oekom verlag konsequent für Nachhaltigkeit ein. Dieses Buch wurde auf FSC®-zertifiziertem Papier gedruckt. Alle durch diese Publikation verursachten CO_2-Emissionen werden durch Investitionen in ein Gold-Standard-Projekt kompensiert. Die Mehrkosten hierfür trägt der Verlag. Mehr Informationen finden Sie hinten im Buch und unter: http://www.oekom.de/allgemeine-verlagsinformationen/nachhaltiger-verlag.html

Bibliografische Information der Deutschen Nationalbibliothek: Die Deutsche Nationalbibliothek verzeichnet diese Publikation in der Deutschen Nationalbibliografie; detaillierte bibliografische Daten sind im Internet über http://dnb.d-nb.de abrufbar.

© 2019 oekom verlag
Gesellschaft für ökologische Kommunikation mbH,
Waltherstraße 29, 80337 München

Lektorat: Manuel Schneider
Umschlaggestaltung: www.buero-jorge-schmidt.de
Layout, Satz: Ines Swoboda, oekom verlag

Druck: GGP Media GmbH, Pößneck

ISBN 978-3-96238-105-9

Stefan Brunnhuber

Die Offene Gesellschaft

Ein Plädoyer für Freiheit und Ordnung
im 21. Jahrhundert

*Gewidmet meinem Mentor und
Lehrer Sir Ralf Dahrendorf
(1.5.1929–17.6.2009)
sowie einer offenen Zukunft
im 21. Jahrhundert*

Nichts ist sicher, gar nichts, auch der Weg hin zu einer Offenen Gesellschaft nicht. Alle bisherigen Errungenschaften und vermeintlichen Etappensiege scheinen angesichts neonationalistischer Strömungen, Populismen und illiberaler und autokratischer Rhetorik zu zerrinnen. Nichts ist mehr sicher, wenn der öffentliche Diskurs durch wissenschaftsfeindliche Kampagnen, Fake News, ungeprüfte Großtechnologien und Totaldigitalisierung beherrscht wird. Und nichts ist mehr sicher, wenn diffuse Ausländerfeindlichkeit und Fundamentalismen die Deutungshoheit darüber haben, wie wir miteinander umgehen. Und nichts scheint mehr sicher, wenn Extremwetterlagen, Plastikvermüllung, die Zunahme von Elektroschrott, der Verlust an Biodiversität sowie extreme Einkommens- und Vermögensunterschiede uns die Sicht dafür nehmen, wie wir zusammenleben können.

Viele gesellschaftliche Bereiche, welche als »offen« galten, verschließen sich zunehmend wieder. Die Narrative von Linken und Rechten tragen nicht mehr, und auch die regressiven Antworten auf die zunehmende Komplexität, Unsicherheit und Orientierungsschwäche helfen nicht wirklich weiter. Und so kann man fragen: Was sind eigentlich offene gesellschaftliche Verhältnisse? Ist das alles nur ein schöner Traum von gestern oder eine Erinnerung an die Vergangenheit? Was hat es auf sich mit dem Konzept einer Offenen Gesellschaft? Wenn wir hier genauer hinsehen, ist die Offene Gesellschaft, welche der Sozialphilosoph Karl Popper vor über 75 Jahren am Ausgang des Zweiten Weltkrieges entworfen hat, eine gesellschaftspolitische Antwort auf die Zukunft und eine Vision für ein Zusammenleben auf diesem Planeten. Sie kommt uns als Spezies Mensch näher als all seine derzeit diskutierten Alternativen. Karl Poppers Sicht der Dinge ist an manchen Stellen unerwarteter, als man denkt. Auch wenn Sie als Leser* vielleicht kein Spezialist oder Experte für die oben genannten Herausforderungen im engeren Sinne sind, so kann die Lektüre dieses Buches dennoch ein Gewinn sein. Dann nämlich, wenn Sie wissen wollen, was eine Offene Gesellschaft ist. Der vorliegende Essay ist aber kein Buch über andere Bücher und auch keine Theorie über andere Theorien, sondern vielmehr ein Übersetzungsversuch der Idee Karl Poppers ins 21. Jahrhundert. Die Offene Gesellschaft ist dabei fast wie eine regulative Idee aus der Zukunft, wie wir sie seit über 2400 Jahren nur von Platos Politeia – Πολιτεία – her kennen: eine politische Orientierung, wie wir zusammenleben können, wenn wir wollen. Denn von Anfang an soll gelten, dass die Chancen, welche sich hier ergeben können, genauso faszinierend sind, wie die Herausforderungen beängstigend sein können. So viel vorweg: Es geht in der Offenen Gesellschaft, welche immer unfertig und unvollkommen ist, schließlich immer um das richtige Verhältnis von Kritik, Freiheit und Ordnung. Wenn man dies alles konsequent zu Ende denkt, entstehen erstaunliche Aussichten.

Dresden Januar 2019   *Stefan Brunnhuber*

---

* Der Text bezieht sich immer auf Leserinnen und Leser, macht aber im Folgenden keine grammatikalische Unterscheidung zwischen den Geschlechtern.

Inhalt

Anhang

1

Worum es jetzt
im 21. Jahrhundert geht

Das vorliegende Buch ist ein Beitrag zur Initiative Offene Gesellschaft und will einen Diskussionsbeitrag zu der schlichten, aber doch bedeutsamen Frage leisten: Was ist eigentlich eine Offene Gesellschaft?[1] Die kurze Antwort auf die Frage ist, dass die Offene Gesellschaft nicht nur ein Negativprogramm zu Totalitarismen, zu autokratischen Regimen und zum Populismus darstellt. Sie ist mehr als dies. Und warum haben wir Angst vor offenen gesellschaftlichen Verhältnissen? Weil wir Angst vor der Realität, der Zukunft und uns selbst haben.[2] Und wenn wir genauer hinsehen, dann wird deutlich, dass die Offene Gesellschaft eine zwar unfertige, aber doch zeitgemäße, angemessene und demokratische Antwort auf geoökologische Grenzen, auf Digitalisierung, Globalisierung und auf die sozialen Herausforderungen im 21. Jahrhundert darstellt. Das sind alles große Themen, über welche bereits so viel geschrieben worden ist, dass man hier kaum etwas hinzufügen kann. Aber vielleicht leben wir in einem Zeitalter der Einseitigkeiten. So können wir beispielsweise über Globalisierung diskutieren, aber nicht in gleicher Weise über Regionalisierung; wir können die Erfolge disruptiver Technologien feiern, aber nicht in Ansätzen darüber diskutieren, wie eine hierzu veränderte soziale Lebenswelt aussehen müsste; wir können trefflich über Digitalisierung reden, aber es gelingt uns nicht, die sozialen und psychologischen Nebenwirkungen in den Blick zu nehmen; auf der Agenda aller parlamentarisch vertretenen Parteien stehen der expansive Wachstumspfad und Umverteilung ganz oben, wirkliche Alternativen dagegen nicht. Wir gehen dabei schnell mit der Idee fremd, dass es dazu eigentlich keine wirklichen politischen Alternativen gibt. Doch die gibt es! Eigentlich benötigen wir hier die hohe Kunst der Ambivalenztoleranz, das heißt die Fähigkeit, Gegensätze richtig und kritisch zusammenzudenken. Wie wir für diese Auseinandersetzung richtig ausgestattet sind, zeigt uns Karl Popper.

Zugleich ist die Offene Gesellschaft von Karl Popper ein genuin westlicher Beitrag gegen die eigene Sprach- und Orientierungslosigkeit und gegen den imperialen Drang, mit unserem Wohlstandsmodell den Rest der Welt zu beglücken. Der Frontabschnitt liegt also innerhalb von uns, gleichsam im toten Winkel. Was wir lernen müssten, ist, die richtigen Fragen zu stellen. Fragen wie etwa: – Wer soll regieren? oder Wie steigern wir den Wohlstand? oder Was ist eine gerechte Verteilung? – gehören nicht zum Repertoire der Offenen Gesellschaft. Das ist erstaunlich, aber wahr. Es sind andere Fragen, welche uns erst den Zugang zu dem ermöglichen, was offene gesellschaftliche Verhältnisse ausmacht. Dazu gleich mehr.

Karl Popper, der gelernte Tischler, Lehrer und Philosoph, hat das Konzept 1945 in die Diskussion eingebracht. Karl Popper stand zeitgeschichtlich unter dem Eindruck der verheerenden Auswirkungen des Faschismus und Stalinismus, also totalitärer Regime. Gleichzeitig markiert das Erscheinungsjahr das Ende des Zweiten Weltkrieges. Seither ist der Begriff vielfach rezipiert, besetzt und wohl auch missbraucht worden, von der politischen Rechten wie der Linken. Aber die Offene Gesellschaft lässt sich in diesen Kategorien gar nicht fassen. Sie steht gewissermaßen quer zur üblichen Links-rechts-Debatte. Sie ist darüber hinaus nicht identisch mit Markt, Rechtsstaat und Demokratie. Sie ist auch keine Negativkategorie zu all dem, was wir nicht wollen. Das ständige Gegen-etwas-zu-Sein hilft hier also auch nicht weiter. Sie beinhaltet stattdessen eine Reihe positiver Merkmale. Die Offene Gesellschaft bei Karl Popper steht folglich für ein positives Programm. Aber was ist das für ein Programm? Sicher ist wohl, dass jenes Programm für eine andere Zukunft steht, jenseits der bekannten Rhetorik und jenseits der rückwärtsgewandten Betrachtungen der Freunde einer geschlossenen Gesellschaft. Und obwohl sich seit 1945 die Formen des Zusammenlebens und die Herausforderungen für die Freunde der Offenen Gesellschaft in vielfacher Hinsicht geändert haben, kann man einen solchen Gesellschaftsentwurf im Originaltext bereits nachlesen. Zu den wichtigsten Veränderungen Anfang des jungen 21. Jahrhunderts gehören sicherlich Globalisierung, Digitalisierung, die Zunahme von sozioökonomischen Ungleichheiten sowie die geoökologischen Grenzen unseres westlichen Wohlstandsmodells. Zu all diesen Themen wird viel Gutes und Kluges geschrieben. In der Lesart von Karl Popper liegt die Bedeutung dieser Veränderungen darin, inwieweit sie offene oder eher geschlossene gesellschaftliche Verhältnisse fördern. Ist also die Kategorie der Offenen Gesellschaft aktuell und brauchbar genug, um Antworten im jungen 21. Jahrhundert zu geben? Was wäre dann das Narrativ der Offenen Gesellschaft? In den folgenden Kapiteln wird dies deutlicher. Man könnte etwa fragen: »Trägt Globalisierung oder Digitalisierung zur Offenen Gesellschaft bei, sind sozioökonomische Ungleichheiten förderlich, um eine Offene Gesellschaft zu vertreten, und welche Herausforderungen ergeben sich für uns, wenn wir in einer Offenen Gesellschaft leben wollen und zugleich auf ökologische Grenzen treffen?« Dies meint, die einzelnen Megatrends müssen sich vor dem Hintergrund ihres Beitrags zu offenen gesellschaftlichen Verhältnissen legitimieren.

Geschichten, die uns die Welt erklären sollen, entstehen aus einer evolutionären und anthropologischen Sicht immer dann, wenn etwas Selbstverständliches auf einmal erklärungsbedürftig wird: Kriege, Krisen, Katastrophen und Krankheiten gelten seit jeher als die zentralen Auslöser und Verursacher für diesen Zwang zum Narrativ. Historisch waren es vor allem extreme Naturereignisse (wie Blitze, Tsunamis, Erdbeben oder Fluten) sowie Infektionserkrankungen (wie Pest, Cholera, Aids), welche einen Erklärungsnotstand ausriefen. Das galt ex post, also rückwirkend, genauso wie ex ante, also vorausschauend. Wir suchen gegenüber all den faktischen Bedrohungen ständig eine Ordnung, eine Kohärenz; die Welt muss für uns Menschen berechenbarer sein und verstehbar bleiben, auch wenn das Narrativ falsch ist. Je besser die Geschichte allerdings ist, umso höher ist der Überlebensvorteil der Gruppe und der Gemeinschaft. Und dann ist die Frage: Was ist die Geschichte der Offenen Gesellschaft?

Diese Geschichte ist jedoch komplizierter. Denn gleichzeitig sind die Feinde der Offenen Gesellschaft unter uns, im Großen wie im Kleinen. Im Großen etwa, wenn es um einen interreligiösen Dialog, um neonationalistische Tendenzen geht, aber auch subtiler in den Auseinandersetzungen etwa um die richtige Medizin, die richtige Erziehung, das richtige Wirtschaften, den Einsatz der richtigen Technologien und der richtigen Wissenschaft. Im Kleinen, wenn sich die Feinde und Freunde der Offenen Gesellschaft tagtäglich begegnen, etwa in der Art und Weise, wie wir unsere Nachbarschaft leben, wie wir uns fortbewegen, ja mehr noch, was wir essen, wie wir beten, denken, wahrnehmen und sprechen. Karl Popper hat dies vor über 75 Jahren bereits gesehen. Als Übersetzungsvorschlag ins 21. Jahrhundert soll dieses Buch dienen.

Bekanntlich leben wir in einer ungewissen Welt, in der niemand die Deutungshoheit darüber hat, was falsch und was gerecht, was wahr und was gut ist. Es sind offene gesellschaftliche Verhältnisse, die diese unvollständige Suche ständig gewährleisten. Jene gilt es zu verteidigen und weiterzuentwickeln: offen und ehrlich, unaufgeregt und engagiert, klar, transparent und echt, unverfälscht und analog, live und in Farbe, angemessen, unparteiisch, fantasievoll, kreativ, mutig, authentisch und vor allem kritisch.

Es gehört wohl zu dem bleibenden Beitrag Karl Poppers, dabei immer wieder auf die menschliche Dimension der kritischen Auseinandersetzung verwiesen zu haben. Offene gesellschaftliche Verhältnisse setzen nämlich in einer ihr eigenen Form das kritische Potenzial des Menschen frei. Es ist nicht identisch mit dem dialektischen Vorgehen linker Philosophien, und es passt auch nicht mit dem reduzierten Kritikverständnis von Populisten, Verschwörungstheoretikern und Fundamentalisten zusammen. Kritik hat hier etwas bemerkenswert Selbstbezügliches und Strukturkonservatives,[3] Subtiles und an manchen Stellen fast Scheues an sich. Ihr fehlt sicherlich auch das disruptive, chaotische und revolutionäre Moment, welches sich manche Aktivisten für die Veränderungen utopischer Gesellschaftsentwürfe wünschen. Karl Popper ist bescheidener.

Der kritische Rationalismus, was so viel heißt wie »Wir verwenden unseren kritischen Verstand, um in einer freieren, besseren Welt zu leben«, dieser kritische Rationalismus steht gewissermaßen als Philosophie hinter dem Konzept der Offenen Gesellschaft. Er lebt ganz wesentlich von der Einsicht, dass wir viel zu wenig wissen. Dass wir das wenige, das wir wissen, in seinen Auswirkungen meist nicht verstehen und kontrollieren können und zuallerletzt der Bewertungsvorgang selbst meist unvollständig oder gar falsch ist. Das heißt, jeder der kritisiert, muss wissen, was und wie er kritisiert, und sich der Konsequenzen der Kritik selbst bewusst sein. Karl Popper hat hier vor allem den Wissenschaftsbetrieb, die öffentliche Diskussionskultur, die Bedeutung von Institutionen und sein ihm eigenes Demokratieverständnis in der Pflicht gesehen. In anderen Worten könnte man auch sagen: Wir müssen uns endlich die Wahrheit sagen über das, was wir wirklich wissen, wie wir zusammenleben wollen und wie das alles im 21. Jahrhundert gehen soll. Und eine dieser Wahrheiten ist wohl, dass einiges aus dem Ruder gelaufen ist. Also mehr kritisch diskutierte Fakten als Fakes oder Fiktion und mehr wirkliche Debatten als Symbolpolitik.

Die Freunde der Offenen Gesellschaft treten genau für dieses Vorgehen ein, unaufgeregt und ehrlich, kohärent und standsicher, selbstkritisch und offen; zugleich aber neugierig und demütig, wissend, dass es immer nur ein kritisches Bewusstsein sein kann, welches uns offene gesellschaftliche Verhältnisse ermöglicht, dauerhaft sichern kann und um welches wir ständig ringen müssen. Geht uns nämlich diese Fähigkeit verloren und wird sie nicht ständig immer wieder neu auf die Probe gestellt, laufen wir Gefahr, dass wir als schweigende Mehrheit genau das verlieren, was uns unausgesprochen am Leben hält. Menschen, welche in einer Offenen Gesellschaft politisch eingeschlafen sind, laufen dann Gefahr, in einer geschlossenen Gesellschaft wieder aufzuwachen.

Die Idee ist nicht vollständig rezipiert, ohne darauf hinzuweisen, dass es historisch immer zu wenig Freunde der Offenen Gesellschaft gewesen sind und zu viele Feinde, welche das zivilisatorische Projekt von Freiheit und Ordnung zu Fall gebracht haben. Eine Beschäftigung mit diesem Projekt ist wie die Botschaft aus der Zukunft, etwa nach dem Motto: »So wollen wir zusammenleben«; sie ist keine Erzählung über die Vergangenheit: »So hat es bisher immer geklappt.« Sicherlich ist sie eine Erzählung darüber, dass, wenn es uns nicht gelingt, offene gesellschaftliche Verhältnisse zu garantieren, wir uns sagen lassen müssen: »Wir werden es gewusst haben, dass wir diese Zukunft nicht verhindert haben.«

Denn es gibt wohl viele Demokratien, viele Formen der Marktwirtschaft, wie es auch immer viele Utopien, Autokratien und Totalitarismen geben wird. Aber es gibt letztlich immer nur *eine* Offene Gesellschaft.

Gleich vorweg: Die Offene Gesellschaft ist ein europäischer Beitrag auf die Frage, wie wir als Menschen im 21. Jahrhundert zusammenleben wollen. Dieser Beitrag steht in Konkurrenz und im Wettstreit mit anderen Formen des Zusammenlebens, etwa autokratischen Systemen, Neonationalismen oder auch anderen Formen von Demokratien, in welchen Stabilität wichtiger ist als Partizipation. Das alles sind Regierungsformen, in denen die Zustimmung in der Bevölkerung empirisch messbar oft höher liegt als in den meisten westlichen Demokratien. Die Golfstaaten, Russland, Brasilien, China haben beispielsweise ihre eigenen Vorstellungen über die Organisation ihres Gemeinwesens, über Meinungsbildung und Freizügigkeit, politische Partizipation, Markt und Menschenrechte. Die Welt wird schnell zu dem, was der Politikwissenschaftler Charles Kupchan eine *»no one's world«* genannt hat.[4] In diesem Konzert der konkurrierenden Staatsformen ist die Offene Gesellschaft einer der Player, High Potenzials oder Game changer. Die Geschichte des weiteren 21. Jahrhunderts wird uns dann zeigen, wer diese Auseinandersetzung gewonnen haben wird. Wenn wir es richtig machen, spricht vieles für die Offene Gesellschaft. Was und warum, werde ich in diesem Buch zeigen.

Die Fähigkeit, das innere Bild mit der äußeren Realität besser abzugleichen, stellt bekanntlich einen Selektionsvorteil dar. Gleichzeitig gilt aber: Das Bild ist nicht die Realität, die Landkarte ist nicht das Gelände, die Speisekarte ist nicht das Menü und die Geschichte ist nicht die Realität. Aber die Geschichte der Offenen Gesellschaft kommt der Realität im 21. Jahrhundert wohl am nächsten.

Ausgangspunkt ist zunächst der allgemeine Verweis, dass wir nun in einem neuen Zeitalter leben (Kapitel 2), in welchem die traditionelle Links-rechts-Debatte keinen wirklichen Platz mehr hat. Stattdessen leben wir nun im Zeitalter des Menschen (»Anthropozän«), in welchem unser Denken in einen neuen Aggregationszustand gerät. Dem stehen die vielen großen und kleinen Freunde einer geschlossenen Gesellschaft entgegen. Kurz: »In welcher Welt leben wir jetzt?«

In Kapitel 3 wird dann der allgemeine Übergang beschrieben, den wir als Einzelne und als Gesellschaft zu nehmen haben, wenn wir schließlich in offenen gesellschaftlichen Verhältnissen ankommen wollen. Also: »Wie sieht der Wechsel von geschlossenen zu offenen Verhältnissen aus?«

Dann geht es in Kapitel 4 um die Klärung von positiven und inhaltlich ausgewiesenen Aspekten einer Offenen Gesellschaft im 21. Jahrhundert: Ein »Sixpack« wird sichtbar, welcher den Unterschied zu anderen Formen des gesellschaftlichen Zusammenlebens markiert. Man kann die Offene Gesellschaft aber nur als Ganzes haben, und so müssen wir abschließend auch über die Schwächen der Offenen Gesellschaft sprechen: »Was ist eine Offene Gesellschaft im 21. Jahrhundert und worauf lassen wir uns ein, wenn wir uns für sie entscheiden?«

Kapitel 5 thematisiert dann den Vorgang der Transformation: »Wie gelingt uns eine Transformation hin zu offenen Verhältnissen? Welche Themen müssen wir ansprechen? Und welche Fragen müssen wir eigentlich stellen?« Gleichwohl bleibt der Fragenkatalog hier unvollständig.

Im Anhang soll ein kurzer Fragenkatalog (Kapitel 6) Orientierung darüber geben, ob er wirklich bereits in einer Offenen Gesellschaft lebt. Im 7. Kapitel werden dann die wichtigen Merkmale einer Offenen Gesellschaft nochmals zusammengefasst. Es sind mindestens 22 solcher Merkmale, welche hier in die Diskussion eingebracht werden sollen. Neben einer Literaturauswahl kommen im Kapitel 8 die Anmerkungen zu diesem Text zur Geltung, welche den aktuellen Diskussionsstand weiterverfolgen, vertiefen oder in einen größeren Zusammenhang stellen. Der Haupttext ist allerdings ohne Mühen und ohne weiteren Informationsverlust für sich lesbar.

Obwohl ich mich im Folgenden am Originaltext und der Gesamtausgabe von Karl Popper orientiere, habe ich auf konkrete Literaturhinweise verzichtet. Damit bleiben der Lesefluss und der Erzählcharakter besser erhalten. In den Anmerkungen des Kapitels 8 wird dann detaillierter auf die weiterführende Diskussion eingegangen. Und trotz zahlreicher Debattenbeiträge, Diskussionen und Kontroversen aus den letzten Monaten und Jahren,[5] für die ich große Dankbarkeit verspüre, bleibt der Text meine Interpretation einer Offenen Gesellschaft im noch jungen und doch mächtigen 21. Jahrhundert, für welche ich dann auch kritisch die Selbstverantwortung übernehme. Denn es ist die hohe Zeit der Kritik und der Freiheit für uns alle.

2

Jenseits von links und rechts

Karl Popper (17.9.1902–28.7.1994), in Wien geboren und aufgewachsen, hat 1945 unter dem Druck der historischen Ereignisse des Zweiten Weltkrieges das zweiteilige Werk *Die Offene Gesellschaft und ihre Feinde* geschrieben.[6] Heute, im Jahr 2019, ist die Debatte wieder genauso aktuell wie damals, allerdings sind die Herausforderungen und Ausdrucksformen an manchen Stellen neu; die Antworten, welche die Freunde der Offenen Gesellschaft geben können, allerdings nicht.[7]

Die Zeitspanne zwischen dem Kriegende 1945 und dem Mauerfall 1989 war vorrangig durch Gegensätze zwischen linken und rechten Systemen geprägt. Diese Auseinandersetzung der Systemkonkurrenz geht nun zu Ende. Nicht selten sind die Unterschiede gar nicht mehr erkennbar. Damit geht aber nicht die Geschichte zu Ende, wie manch ein Betrachter gemeint hat, sondern sie beginnt hier erst wirklich.[8] Bis hierher galt der kleinste gemeinsame Nenner und nicht die *best possible practice*. Das soll jetzt anders werden. Dazu kommt, dass das politische Spektrum kein Lineal ist, sondern bekanntlich ein Kreis, bei dem sich die Extreme in der Argumentation dann immer wieder treffen. Beides, der kleinste gemeinsame Nenner und die kreisförmige Bewegung der Extreme, macht eher schwindlig und kurzsichtig, als dass es uns hilft, eine wirkliche Orientierung dahingehend zu bekommen, wo die Reise hingehen soll.

Um gleich ein vordergründiges Missverständnis aufzulösen: Die Offene Gesellschaft ist nicht identisch mit Demokratie, Rechtsstaat und sozial eingehegter Marktwirtschaft.[9] Sie ist auch keine Utopie, keine Multikultveranstaltung, bei der alles geht, also alles irgendwie »offen«, beliebig und gleichwertig ist;[10] sie ist auch kein spieltheoretisches Konstrukt, bei welchem es allen automatisch besser geht (Win-win-Situation), und auch kein Ort, an dem es niemals regnet und alle nett zueinander sind. Sie ist auch kein Kindergeburtstag und kein Wunschkonzert. Offene Verhältnisse sind letztlich nicht einmal identisch mit dem Grundgesetz eines Landes, auch nicht mit dem der Bundesrepublik Deutschland, und selbst die Unterscheidung von »liberal« und »illiberal« trifft den Kern der Offenen Gesellschaft nicht.

Denn in den 202 offiziell gelisteten Nationen weltweit gibt es mehr oder weniger auch 202 Verfassungen, welche alles andere als gleich sind, die aber alle das Potenzial in sich tragen, zu Offenen Gesellschaften zu werden. Das heißt, das Modell einer Offenen Gesellschaft muss ausreichend formal sein, um für möglichst viele Verfassungen der Welt und für viele Menschen attraktiv zu sein. Gleichzeitig muss es aber inhaltlich konkret genug sein, damit Menschen sich prinzipiell damit identifizieren können. Beides kann die Offene Gesellschaft leisten.

Topografisch betrachtet, steht die Links-rechts-Debatte gleichsam horizontal zur Debatte um »offen« versus »geschlossen«. Hier geht es um ein regressives oder progressives Gesellschaftsmodell. Bei der Links-rechts-Debatte dagegen geht es um Ausformulierungen innerhalb dieses Modells. Das zivilisatorische Projekt der Offenen Gesellschaft ist das zukunftsgewandte, die Links-rechts-Debatte kennzeichnet dagegen das Ende der Systemkonkurrenz und hat ihre Zukunft bereits hinter sich. Aber wir müssen aufpassen, dass die Erzählung über die Wahrnehmung der Realität nicht mit der Realität selbst verwechselt wird. Nur der kritische Verstand mit seiner

Fähigkeit zur Widerlegung kann diese Unterscheidung immer wieder einfordern. Denn der, der das Narrativ beherrscht, beherrscht auch die Realität.

Was wir an dieser Stelle vermeiden sollten, ist folglich die ständige Auseinandersetzung zwischen linken und rechten Positionen, da sie Gefahr läuft, in eine existenzielle Falle zu tappen. Erfahrungsgemäß führen solche Debatten nämlich in eine Diskussion um den kleinsten gemeinsamen Nenner. Dies ist in Zeiten realen Wachstums, stabiler nationalstaatlicher Umverteilung, relativ geringer Umweltbelastungen, wie wir dies in der Nachkriegszeit erlebt haben, sinnvoll und rational. Aber jetzt ist eine andere Zeit. Wir verschenken viel Zeit für Fragen um diesen Minimalkonsens zwischen rechten und linken Positionen und fördern damit indirekt die Freunde einer geschlossenen Gesellschaft. Es gibt Zeiten, in denen es nicht um einen Minimalkonsens geht, sondern um ein anderes Denken und eine andere Sicht auf die Dinge, nämlich der zwischen vorwärts oder rückwärts. Dabei gilt es, einen klaren Blick, viel Disziplin und intellektuelle Bescheidenheit zu zeigen, diese, nennen wir sie die »horizontale« Debatte zwischen linken und rechten Lagern, jetzt auszusetzen und grundlegendere Fragen zu stellen. In einer solchen Zeit leben wir jetzt. Wie weit dieses Moratorium reichen soll, diese Frage werden wir uns als Freunde der Offenen Gesellschaft selbst zumuten müssen. Die Diskussion wird aber so lange andauern, bis die eigentlichen Fragen zwischen gesellschaftlicher Offenheit und Geschlossenheit sichtbar werden. Die Frage ist: »Wie weit können wir als Freunde der Offenen Gesellschaft eigene Positionsinteressen, Minderheitenrechte, Vorlieben und selektive Lobbyarbeit zurückstellen, eingefahrene Argumentationsrituale, auswendig gelernte Gedankengänge und lieb gewordene Selbstverständlichkeiten aussetzen, um uns den eigentlichen Verteidigungslinien zu stellen?« Kurz: »Was sind für eine Offene Gesellschaft im 21. Jahrhundert die wirklich wichtigen Fragen und welche Antworten gibt Karl Popper darauf? Worauf kann man derzeit eher verzichten? Was ist wirklich wichtig und was stellt eher ein ›divertimento‹, ein vernachlässigbares Vergnügen dar, welches man jetzt zunächst einmal hintenanstellen kann?« Anders formuliert: »Was kann weg, was muss jetzt nicht auf die Agenda und kann später diskutiert werden?«

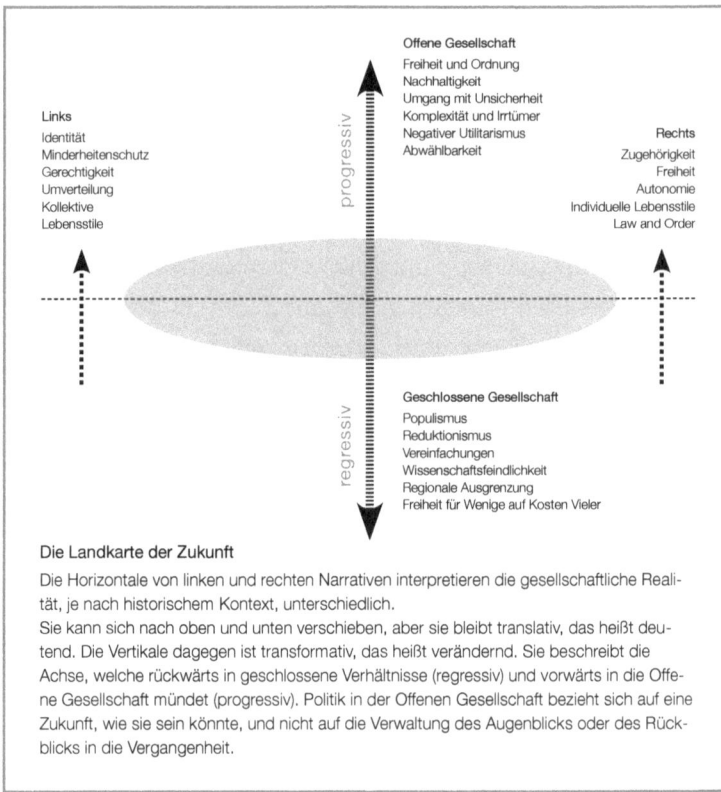

Die Landkarte der Zukunft

Die Horizontale von linken und rechten Narrativen interpretieren die gesellschaftliche Realität, je nach historischem Kontext, unterschiedlich.

Sie kann sich nach oben und unten verschieben, aber sie bleibt translativ, das heißt deutend. Die Vertikale dagegen ist transformativ, das heißt verändernd. Sie beschreibt die Achse, welche rückwärts in geschlossene Verhältnisse (regressiv) und vorwärts in die Offene Gesellschaft mündet (progressiv). Politik in der Offenen Gesellschaft bezieht sich auf eine Zukunft, wie sie sein könnte, und nicht auf die Verwaltung des Augenblicks oder des Rückblicks in die Vergangenheit.

Es ist diese Unterscheidung von »offen« versus »geschlossen«, die uns eine erste Landkarte und Orientierung anbietet, wie es weitergehen kann. Vielleicht ist die Unterscheidung auch zu grob, aber das lässt sich klären. Es gibt Zeiten, in denen alle anderen Unterscheidungen zu Phantom- und Scheindebatten, Nebenschauplätzen werden, in Teilen fast Zeitverschwendung. Vielleicht haben wir jetzt eine solche Zeit. Man kann auch sagen: Wir verlieren schlicht die Gestaltungsmöglichkeiten über die Gegenwart, wenn wir es uns nicht zutrauen über offene Verhältnisse, welche vor uns liegen, aktiv zu streiten. Aber wir reagieren auf die Orientierungs- und Sprachlosigkeit nicht mit einer kontemplativen Pause oder einem kritischen Reflex, sondern damit, dass wir die Geschwindigkeit der Entscheidungen exponentiell erhöhen, dabei die Kontrolle verlieren, uns ständig in Überforderungen üben und dies in nahezu allen Lebensbereichen. Das kann einfach nicht gut gehen. Wenn wir geklärt haben, was offene gesellschaftliche Verhältnisse eigentlich meinen, dann wissen deren Freunde auch, wofür sie einstehen und was potenziell verloren gehen kann.

2.1 Wir erzählen uns ständig Geschichten

Wir hatten davon gesprochen, dass Geschichten dann wichtig werden, wenn Ereignisse nicht erklärbar sind oder schlicht ihre Selbstverständlichkeit verlieren. Plastiktüten, Kohlekraftwerke, exponentielles Wirtschaftswachstum, Trinkwasserqualität, extreme Wohlstandsungleichheiten, frische Luft zum Atmen und endliche Ressourcen waren in früheren Zeiten kein Thema, jetzt sind sie erklärungsbedürftig, und deshalb benötigen wir neue Narrative. Die Deutungshoheit für all jene Fragestellungen haben derzeit die Ingenieurwissenschaften, die Makro- und Agrarökonomie, die Politikwissenschaften sowie die Demografen. Ich denke allerdings, dass hinter den Erklärungen dieser Disziplinen psychologische Vorgänge sichtbar werden, die ihre Stärken und Schwächen deutlich machen können. Denn auch Narrative sind selektiv und adaptiv. Manche sind nämlich besser und manche sind schlechter. Geschichten haben eben keinen Selbstzweck, sondern sind Mittel, um Krisen zu meistern und unser Zusammenleben im besten Fall zu verbessern. Historisch ging es etwa darum, Essgewohnheiten, Hygiene, Sexualpraktiken, Quarantänemaßnahmen und Moralvorstellungen durch empirische Beobachtungen in ein noch vorwissenschaftliches, protowissenschaftliches Konzept einzubinden und dabei Regeln für unser Zusammenleben zu entwerfen.[11]

Anthropologen und Bibelwissenschaftler können beispielsweise zeigen, dass das meistgelesene Buch der Welt, die Bibel, einem solchen Vorgehen folgt. Aber die Geschichten, die wir uns hier erzählen, wurden über Jahrhunderte, genauer: sogar über fast 500 Jahre, ständig angepasst, umgeschrieben und aktualisiert. Es war ein *work in progress*. Bei der Bibel endet dieses Vorgehen etwa im 4. Jahrhundert nach Christus. Von nun an geht es nicht mehr darum, ein Tagebuch der Menschheit zu schreiben, sondern den gegebenen Text immer wieder neuen Deutungen zu unterwerfen. Er ist von nun an gewissermaßen schockgefroren. Fortan dominieren Kanonisierung und Deutungshoheit und nicht mehr die Wiedergabe realer Erfahrungen. Es entsteht nichts Neues mehr, sondern das Gegebene unterliegt einer Exegese. Und dies ist dann die Geburtsstunde der Experten, jener, die uns sagen, wie die Geschichte eigentlich zu deuten sei.[12]

Eigentlich benötigen wir eine Erzählkultur, die es erlaubt, die praktische Lebenswirklichkeit des Menschen im 21. Jahrhundert in einer großen Geschichte einzubringen, mitzuschreiben und ständig umzuschreiben. Das heißt: »Bräuchten wir nicht eigentlich eine lebendige Geschichte, bei der jeder beteiligt ist, gleichsam ein interaktives Tagebuch im Zeitalter des Menschen?« Man kann hier mit Popper vorsichtig »Ja« sagen. Das ist eigentlich schon fast größenwahnsinnig. Aber wenn wir den Unterschied zwischen Tagebuch und Deutung aufrechterhalten wollen, dann ist die Offene Gesellschaft ein solches interaktives Tagebuch im 21. Jahrhundert. Anders formuliert: Die Offene Gesellschaft ist gewissermaßen eine Erzählung für die Bewältigung der aktuellen Herausforderungen.

Geschichtenerzählen gehört mit zum Wichtigsten in allen Kulturen: Die Bibel, der Koran, Karl Marx' *Kapital*, der »American Way of Life«, »Globalisierung« sind solche Geschichten. Sie verbinden uns und sie tragen jenseits der unterschiedlichen Deutungen der Welt dazu bei, dass wir uns grundlegend verstehen, verständigen und einen Konsens über formale Regeln und Formen des »guten Lebens« herstellen können. Der westliche und transatlantische Konsens über ein solches gemeinsames Narrativ, welches von Wirtschaftswachstum, Wohlstand, Glück, Frieden, Freiheit, Aufstieg und Demokratie erzählt, ist im Gesamten zwar noch für viele Menschen identitätsstiftend, aber häufig nicht mehr hinreichend sinnstiftend. Wenn man jetzt noch berücksichtigt, dass mit den BRICS-Staaten (Brasilien – Russland – Indien – China – Südafrika) bereits mehr als die Hälfte der Wirtschaftskraft nicht mehr im traditionellen Westen liegt und zugleich die Bevölkerungsentwicklung und die Machtverschiebungen sich weiter nach Süden und Osten verlagern, drängt sich die Frage auf: Was verbindet uns als Menschen, jenseits von Ost und West, jenseits des *digital divide*, jenseits zunehmenden Wohlstandsgefälles vom Norden zum Süden und jenseits der verschiedenen Geschichten, die wir uns gegenseitig erzählen, um ein Zusammenleben zu ermöglichen?

Denn was den Menschen so erfolgreich gemacht hat, war nicht seine individuelle Wettbewerbsfähigkeit, sein Werkzeuggebrauch, der aufrechte Gang oder seine abstrakte Intelligenz, sondern die Fähigkeit, sich Geschichten erzählen zu können, an deren Inhalte dann alle glaubten. Es sind meist Geschichten, welche nicht nur von der natürlichen Welt handeln, sondern von einer selbst gemachten, gleichsam zweiten, kulturellen Realität. Sie handeln von Ideen, welche ihren Mitgliedern immer einen gewissen Abstraktionsgrad abverlangen, der über das Konkrete und Faktische hinausreicht. Und es sind dann meist Geschichten über Gott, Tod und Endlichkeit, über Technik, über Naturgesetze, Geld, Macht und Politik. Erst der gegenseitige Glaube an jene fiktionalen Narrative ist die Grundlage dafür, dass Menschen in großer Anzahl koordiniert zusammenarbeiten konnten. Und aus dieser koordinierten Form der Kooperation entsteht jener Selektionsvorteil, welcher den Menschen nicht nur eine Anpassung an äußere Umstände abverlangt, sondern ihn immer wieder zu Neuem und Besserem aufbrechen lässt. Menschen reproduzieren sich eben nicht nur, sondern wollen das, was sie machen, ständig besser machen. Neugierverhalten und Entdeckertum, Wissenschaft und Technik, die Organisation von großen Sozialverbänden und berufliche Spezialisierung verbunden mit dem ständigen Drang zum »Besseren« unterscheidet ihn wohl von anderen Lebewesen wie Bienenvölkern und Affenpopulationen.[13]

Gibt es ein solches Metanarrativ, auf das sich Menschen einlassen können, egal, ob wir einer konservativen Partei in Bayern oder einer kommunistischen in Kuba angehören, ob wir altkatholisch, wahhabitisch, buddhistisch oder religionsfrei sind, ob wir homo- oder heterosexuell sind; und auch unabhängig davon, ob wir einen Schulabschluss haben, eine Lehre absolviert haben oder einen Doktortitel tragen, welchen Pass wir besitzen, welchen Bildungsstand der Vater und die Mutter haben und wie viel Erbe der Einzelne mitbringt?

Karl Poppers Offene Gesellschaft liefert ein solches Narrativ. Die Offene Gesellschaft ist in diesem Zusammenhang ein politischer Terminus technicus, also ein Fachbegriff, welcher nicht nur für eine bestimmte und spezifische Form des Zusammenlebens innerhalb von souveränen Nationalstaaten stehen soll, sondern zugleich eine Richtung angeben soll. Die Offene Gesellschaft hat folglich ein Innenleben und sie hat eine Bewegung nach vorne – oder wenn sie uns verweigert wird, dann eher zurück.

2.2 Leben im Anthropozän

Erstmals in der Weltgeschichte verändert der Mensch im großen Stil die geologischen und biologischen Bedingungen der Erde. Von der globalen Erhitzung, der Übernutzung von Landflächen, dem Verlust an Biodiversität bis hin zur Entsorgung von Nuklearbrennstoffen, Verrußung, Übersäuerung und Plastikmüll ist es der Mensch, der für sich und die Erde neue Umwelt- und Lebensbedingungen schafft. Es bleibt buchstäblich kein Stein auf dem anderen. Paul Crutzen hat dies »das Zeitalter des Anthropozäns« genannt.[14] Der Mensch wird zum Treuhänder von Natur und Zukunft zugleich. Damit ändert sich (fast) alles: die Art, wie wir mit dem Dilemma von endlichen Ressourcen und unendlichem Wachstum umgehen; wie wir unsere Kinder erziehen; wie wir unsere Zukunft finanzieren; wie wir mit Menschen anderer Weltanschauungen und Religionen umgehen; wie wir mit den Informationstechnologien unser Leben meistern. Schließlich ändert sich auch das, was wir über unseren Geist, unser Denken, Fühlen und Handeln wissen.

Während wir im vorangegangenen Zeitalter, dem sogenannten Holozän der letzten 10.000 Jahre, noch den Luxus und die Leichtigkeit hatten, unbegrenzt wachsen zu können, und Grenzen eigentlich nur dazu da waren, dass sie ständig überwunden wurden und Vollvernetzung in einzelnen Bereichen eher Seltenheitswert hatte, geht ein solches Denken dem Ende zu. Ein neues Narrativ wird von mindestens drei Erzählsträngen geprägt sein: einmal von Grenzen, dann von der Bedeutung der Vernetzung und schließlich drittens von einer neuen Balance.[15]

Eines der kennzeichnenden Kriterien des Anthropozäns ist, dass wir nun mit zwei – relativen und absoluten – Grenzerfahrungen konfrontiert sind. Einmal äußere, sprich geografische Grenzen. Sie beschreiben den Umstand, dass es keine sinnvollen planetarischen Außenbeziehungen mehr gibt, sondern eigentlich nur noch relative

Verteilungen und Proportionen nach innen. Es gibt keine wirklichen Externalitäten[16] mehr, sondern nur noch geoökologische und psychosoziale Innenverhältnisse, bei denen wir uns ständig die Frage stellen müssen, wie viel Asymmetrie wir vertragen, etwa bei der Einkommens- und Vermögensverteilung, beim Verschuldungsgrad[17] oder bei der Verteilung der Zugangsbedingungen zu Trinkwasser, Bildung oder ärztlicher Versorgung. Die Idee des Westens »*Having it all and wanting more*« geht jetzt nicht mehr. Wenn das ärmste Prozent der EU-Bürger immer noch zu den reichsten zehn Prozent global zählt – und das Ganze ist bereits kaufkraft- und inflationsbereinigt –, dann entsteht in erster Linie ein Tischtucheffekt. Wenn man an der einen Seite zieht, dann fehlt es an der anderen. Akademisch und sozialpolitisch nennt man das einen Verteilungskampf. Des Weiteren haben uns die Umweltwissenschaften gezeigt, dass es mindestens neun solcher planetarischen Grenzen gibt. Dazu gehören die CO_2-Konzentration in der Atmosphäre, der Stickstoffkreislauf, Biodiversität, der Phosphatzyklus, die Ozonschicht, Übersäuerung, Süßwasserverbrauch, atmosphärische Aerosolbelastung und die extensive Landnutzung. Die quantitativen Grenzen der ersten drei dieser neun haben wir bereits überschritten. Noch unklar sind die Quantifizierungen bei Schwermetalleinträgen, welche als weitere Grenze hinzukämen.[18] Unsere Vorfahren kannten zwar nicht die wissenschaftlichen Ergebnisse über die planetarischen Grenzen. Sie handelten aber möglichst langfristig und nachhaltig. Heute können wir die Grenzen sogar wissenschaftlich quantifizieren, handeln aber so, als ob es sie nicht gäbe. Einheitlich paradox, oder? Das Thema ist aber komplizierter. Denn es ist nicht die Spezies Mensch, sondern seine spezifische soziale und ökonomische Praxis in Verbindung mit der schieren Anzahl an Menschen, die jener Praxis folgen, welche für diese anthropogenen Effekte steht. Wir tragen also das Potenzial in uns, uns und unsere Umwelt nachhaltig zu zerstören. Das ist eigentlich nicht neu. Neu sind vielmehr die Geschwindigkeit und das

Ausmaß, mit dem das passiert; und neu ist die unkritische Verharmlosung, mit der wir auf diese neue Situation reagieren.

Aber das ist nur ein Teil des erwähnten Erzählstrangs, denn er beschreibt nur die äußeren Grenzen. Gleichzeitig gibt es innere Grenzen. Gemeint sind damit die Beschränkungen unseres Denkens,[19] unserer Wahrnehmung und unserer Entscheidungsvorgänge unter Ungewissheit: Risikoaversionen, mentales Framing, kurzfristige Entscheidungen, Vermischung von Korrelationen und Kausalitäten, Bestätigungseffekte[20] sind nur einige gut belegte Beispiele, die beschreiben sollen, dass wir Menschen nur einen sehr eingeschränkten Wahrnehmungsapparat und Bewusstseinsraum haben, innerhalb dessen wir tagtäglich Entscheidungen treffen.

Wenn es uns nicht gelingt, zwischen Korrelationen und Kausalitäten zu unterscheiden, ziehen wir schnell die falschen Schlüsse: Wenn etwa ein Mensch schnell springen kann und ihm zugleich ein Auge fehlt, sollten wir daraus nicht den Schluss ziehen, jedem weiteren Menschen ein Auge auszustechen, nur in der Hoffnung, dass er dann auch schneller springen kann. Häufig sind solche Schlussfolgerungen nämlich falsch, und sie können verheerende Auswirkungen haben, wenn es um ein Zusammenleben im Anthropozän geht.[21] Diese inneren Grenzen verweisen wiederum auf individuelle Grenzerfahrungen sowie auf kollektive Grenzen in Bezug auf die Institutionen, die wir geschaffen haben. Offene Gesellschaften sind Gesellschaften mit Grenzen. Das ist nicht paradox. Diese werden immer wieder neu bestimmt, ausgehandelt, verschoben und definiert, aber sind dennoch immer da. Jene zwischen dem privaten und dem öffentlichen Leben etwa, jene zwischen Eigen- und Gesamtverantwortung oder auch zwischen Wissenschaft und Mythos gehören sicherlich dazu.[22] Man könnte sagen: An Grenzen werden die Bedingungen der Offenheit erst sichtbar.[23] In Bezug auf die inneren Grenzen wird es um die Frage gehen, wie wir mit Fehlern im Denken und den Begrenzungen unserer Wahrnehmung umgehen, wie wir Risiken richtig einschätzen und mit Ungewissheiten zurechtkommen und wie wir miteinander und mit der Natur den rechten Umgang finden. Anders und konkreter: Welche psychologischen Mechanismen kennen wir, die uns zeigen, wie wir mit Tod, Endlichkeit, Krankheiten, Alter, Leiden und Knappheit zurechtkommen?[24]

Noch grundlegender geht es also darum, ob es uns gelingt, unser Leben vom Ende her richtig zu denken. Kurz: »Wer werde ich gewesen sein und was werde ich gemacht und erreicht haben, wenn das Leben zu Ende geht?« oder »Was werden wir als Gesellschaft erreicht haben?« Grammatisch nennt man das Futur Indikativ 2. Obwohl jene Fragen nicht typisch für den Nachhaltigkeitsdiskurs sind, spielen sie doch eine entscheidende Rolle, wie wir im Anthropozän zusammenleben werden.

Das ist aber leider immer noch nicht alles. Neben den äußeren und inneren Grenzen gibt es noch eine andere Tatsache, welche diese Zeitepoche charakterisiert. Es ist gewissermaßen der zweite Erzählstrang. Es ist nun definitiv alles mit allem vernetzt: Es entstehen unzählige Abhängigkeiten. Dies heißt wiederum, es gibt keinen wirklichen Exit und kein »*redo*«, keine Wiederholung und kein Rettungsboot mehr. In einer solchen vollvernetzen Welt gibt es eben kein *free lunch* mehr; alles hängt mit allem zusammen, und immer dann, wenn wir an einer Stelle und zu einem bestimmten Zeitpunkt einen Fehler machen, tragen wir immer alle als Menschheit die gesamte Rechnung. Jetzt oder in Zukunft. Das heißt schlicht: Alles ist jetzt relational geworden, nichts mehr lässt sich sinnvollerweise nur noch aus seiner Autonomie und Isolierung heraus begreifen. So entstehen Interdependenzen und unendliche Wechselwirkungen, die wir mühsam wissenschaftlich auseinanderzuhalten versuchen. Wenn man etwa die Zusammenhänge und die Risikoeinschätzung für globale Seuchen (Ebola, HIV, Zika, Tuberkulose, Malaria) untersucht, so kommt man schnell an den Punkt, an dem wiederum alles mit allem verbunden ist: Klimaveränderungen,

Massentierhaltung, Konsummuster, Globalisierung,[25] Antibiotika-resistenzen, Umweltkatastrophen, militärische Auseinandersetzungen, Urbanisierung und soziale Ungleichheiten. Alles gehört sicherlich unabdingbar in eine solche Problemanalyse hinein. Da verliert man auch als Experte schnell den rationalen Überblick und zurück bleibt dann das dumpfe Gefühl, dass das alles überkomplex geworden ist. Man kann die ganze Entwicklung aber nicht mehr zurückdrehen und ungeschehen machen. Die große Rückkopplung ist bereits in vollem Gange. Mit einfachen, randomisierten Doppelblindstudien oder über isolierte, experimentell gewonnene Kausalzusammenhänge gewinnt man Datensätze, welche zwar statistisch signifikant, aber nur durch einen erheblichen praktischen Erkenntnisverlust zitierbar sind und welche dann in eine angeschlossene Sprachlosigkeit münden: »Was müssen wir jetzt tun?« Der hohe Vernetzungsgrad ist aber nicht nur praktisch von Bedeutung, sondern hat auch eine ethische und eine psychologische Dimension. Man könnte hier fast von einer internen Kausalität sprechen, auch wenn man den Begriff hier schnell überstrapaziert: Uns geht es gut, weil es anderen schlecht geht. Und die anderen sind immer die gleichen Kandidaten: zukünftige Generationen, Menschen in ärmeren Ländern oder die Natur. Die Idee einer Autonomie des Individuums ist ein zutiefst in der westlichen Zivilisation verhaftetes Konzept, aber es bleibt eine mentale Illusion. Andere Kulturkreise kennen jene Idee nicht und begegnen ihr wohl eher mit Argwohn und Skepsis.

Wenn man diesen Gedanken des »Alles ist nun mit allem vernetzt« wirklich zu Ende denkt, so entstehen auf der Ebene des Bewusstseins völlig neue und ungeahnte Formen von wechselseitigem Respekt und Achtung, Empathie und Altruismus. Kritisches Denken gerät in einen anderen Aggregatzustand, wie wir noch sehen werden.

Vernetzungen haben nun aber Vor- und Nachteile zugleich. Einmal führt ein höherer Vernetzungsgrad zu einer höheren Resilienz. Das heißt, die Robustheit und damit die Fähigkeit, auf externe Schocks zu reagieren, nehmen zu. Wird aber der Vernetzungsgrad übertrieben, erhöht dies auch den Ansteckungseffekt. Eine Veränderung in einem Teil der Erde hat direkt oder indirekt Auswirkungen auf alles andere. Schließlich besteht dann die Gefahr, dass man dabei jede Verantwortung von sich weisen kann. Denn die autonome Entscheidung des Einzelnen kann schnell in den Hintergrund treten. Wenn man mit psychologischen Gedankengängen nicht tagtäglich vertraut ist, macht es Sinn, hier noch einmal genauer hinzusehen.[26]

Schließlich heißt Vernetzung, zu Ende gedacht, dass unsere Welt nicht mehr kausal und linear rekonstruierbar ist, sondern ein chaotisches, nichtlineares Gebilde mit unzähligen, komplexen Rückkopplungsschleifen darstellt.[27] Wir sehen uns alle den gleichen Film an, aber es kann doch sein, dass es der falsche ist. Wir werden sehen, dass in einer voll vernetzten Welt, welche durch äußere und innere Grenzen bestimmt ist, ein völlig anderes Narrativ notwendig wird. Kritisch-rational heißt jetzt risikoaversiver, präventiver; es bedeutet auch, dass kooperative und solidarische Vorgehensweisen über private und individuelle Positionsinteressen dominieren müssen; dass Gemeingüter wichtiger als private Güter werden und ein schrittweises Vorgehen höher bewertet wird als unkontrollierte Großprojekte. Ja, mehr noch. Wir werden jetzt nicht nur berücksichtigen müssen, was wir rational denken, sondern vor allem auch, *wie* wir denken und wie wir über das Denken denken. Psychologen nennen das dann »Metakognition«.

Neben der Vernetzung mit ihren vielfältigen Rückkopplungsschleifen und den äußeren planetarischen und inneren psychischen Grenzen gibt es ein drittes Merkmal, welche das neue Zeitalter nun auszeichnet:[28] die Fähigkeit zu Balance und Gleichgewicht. Gemeint ist damit der Ausgleich zwischen Mensch und Natur, kurzfristiger und langfristiger Betrachtung, öffentlichen und privaten Gütern und Angelegenheiten, innovativ-disruptiven und reformatorischen und bewahrenden Technologien. Die Balance betrifft auch den Gegensatz von Gerechtigkeit und Leistung, Religion und Staat, Emotionen und Verstand, Solidarität und Egoismus, Wettbewerb und Kooperation, Stabilität und Beschleunigung, Effizienz und Effektivität, Sicherheit und Freiheit. Selbst alltägliche Begriffe wie groß und klein, schnell und langsam, oben und unten, nah und fern, dezentral und zentral, wichtig und unwichtig, *by design* und *by improvisation* gilt es neu zu justieren. Eigentlich ist die Liste fast unendlich lang. Dem Gedanken der Balance liegt zugrunde, dass jeweils beide Seiten wichtig sind, dass keine der anderen überlegen ist, sondern sie in der Regel in einem komplementären Verhältnis zueinander stehen. In jeder einzelnen Offenen Gesellschaft wird es darum gehen, solche Gegensätze und Widersprüche in der für sie je eigenen Form immer wieder zu identifizieren, ein- und aufzulösen und zu integrieren.[29] Es ist erst dieses pluralistische Denken, welches uns kulturelle Vielfalt, eine höhere Anpassungsleistung an eine sich ständig ändernde Umwelt und uns dann auch offene gesellschaftliche Verhältnisse garantieren kann.[30]

Wie sieht dann aber eine Rezeption der Offenen Gesellschaft aus, die den Lauf der Geschichte, der Gesellschaft und des Planeten der letzten 75 Jahre mitberücksichtigt? Und welche Bedeutung hat sie, wenn die Ergebnisse des Wissenschaftsbetriebs und der Technik der letzten Dekaden mit eine Rolle spielen sollen? Also eine Rezeption, welche Globalisierung, Digitalisierung, Finanzkrisen, Migrationsströme, Armutsbekämpfung, Wohlstandsgefälle, globaler Verschuldungsgrad, veränderte Lebensstile mit berücksichtigt. Für die Formen der Rückkopplungen, um die es im Folgenden geht, gibt es keinen direkten Gegner und keinen wirklichen Namen oder Adresse mehr, an welche man sich wenden könnte – außer uns selbst. Trotz der vielen Ausdrucksformen und Permutationen kann man von Kollateralschäden, von einem Kick-back oder im Singular von einer großen Rückkopplung, einer *big loop,* sprechen. Manche sprechen auch von multiplen Reboundeffekten.[31] Und das alles, weil die Aktivitäten von acht Milliarden Menschen gleichzeitig auf äußere natürliche Grenzen und auf innere psychosoziale und ökonomische Grenzen unseres Denkens, Verhaltens und Entscheidens treffen. Alles, was mit diesen Rahmenbedingungen nicht kompatibel ist, erzeugt eine Rückkopplung auf uns Heutige, auf unsere Kinder und/oder auch auf die Natur – nur eben in unterschiedlicher Form. Manche trifft es mehr, manche weniger, manche direkt, wieder andere indirekt, manche gar nicht, andere dafür umso krasser. Und was sollen wir machen, wenn Risiken und Entwicklungen, wie es manchmal heißt, gar nicht mehr »einschätzbar« sind? Wir sollten völlig davon ablassen. Man kann das alles nicht einfach weglächeln. Eine Offene Gesellschaft im 21. Jahrhundert wird auf all das eine konsistente Antwort geben müssen.

Alle drei Großereignisse oder Erzählstränge zusammengenommen – Grenzen, Vernetzungsgrad und Balance –, sind in der Form historisch neu und sie klingen zunächst harmlos und bedeutungsarm, wenn nicht gar belanglos. Aber sie tragen im Kern die Frucht für ein neues Zusammenleben im globalen Maßstab in sich. Gemeint ist nicht eine weitere Utopie, noch weniger eine Vision oder noch ein anstehender Paradigmenwechsel, sondern die schlichte Tatsache, dass wir unser Zusammenleben an neuen Tatsachen ausrichten müssen; also einfach eine Änderung des Blickwinkels. Die Normativität dieses neuen Faktischen wird uns gewissermaßen zwingen, dass wir unser Verhalten, unsere Entscheidungsprozesse im Privaten und Öffentlichen neu denken, neu verhandeln und neu austarieren werden müssen. Ob wir wollen oder nicht. Alles andere ist weder offen noch kritisch im Sinne Karl Poppers. Das Ganze passiert wohl nicht in einem Big Bang, also einem großen Knall, sondern vielmehr zunächst unmerklich, aber doch bedeutungsvoll. Aber vielleicht hilft ein Gedankenexperiment weiter.

2.3 Die große Rückkopplung

Die Entwicklungen im Zeitalter des Menschen (Anthropozän) zeigen, dass nahezu alle menschlichen Aktivitäten spätestens seit 1950 eine exponentielle Entwicklung genommen haben, so etwa der Wasserverbrauch, die Landversiegelung, CO_2- und Methaneinträge in die Atmosphäre, Nitrat- und Schwermetallbelastung, Plastikmüll, asymmetrische Wohlstandsentwicklung, prekäre Arbeitsverhältnisse und vieles mehr. Man spricht hier von der »großen Beschleunigung«,[32] alles exponentielle Entwicklungen. Wir haben aber bekanntlich kein Sinnesorgan für exponentielle Entwicklungen. Wir reagieren entweder gar nicht, zu spät oder falsch. Wenn man sich diese Dynamiken ansieht, entsteht irgendwie der Eindruck, dass es so nicht weitergehen kann, dass die Kurven abbrechen müssen, verschwinden, enden oder sich zumindest immer weiter von uns entfernen. Im realen Leben ist das Gegenteil der Fall. Es entstehen multiple Rückkopplungsschleifen, die keiner mehr im Einzelnen rekonstruieren kann. All diese Effekte schlagen auf uns zurück. Wir wissen nur nicht, wann, wo und wen es konkret trifft. Dies löst nicht nur Unbehagen und Unsicherheiten, sondern auch Ängste und Ärger aus. Unfaire Verteilungsmuster, Erderhitzung, absolute Armut, fehlende Gesundheits- und Bildungschancen, forcierte Migrationsströme, asymmetrische Kriege und Radikalisierungen gehören sicherlich alle mit in diese große Rückkopplung hinein.[33]

In diesem Zeitalter des Menschen ist das Erkennen solcher Rückkopplungen kompliziert. Wir wissen oft nicht, wo sie herkommen, welchen Umfang sie haben, wann sie eintreffen, wer sie hervorgebracht hat und wen sie letztendlich treffen. Zudem sind solche Rückkopplungen meist anonymisiert, in ihrer Größenordnung oft nicht vorhersehbar; sie entziehen sich einer eindimensionalen und linearen Betrachtung ebenso wie isolierten Kausalanalysen oder Spezialistenwissen. Manche sind gar lautlos, fast stumm, aber doch wirkmächtig, etwa wenn wir erfahren, dass der globale Stromverbrauch des Internets im Ländervergleich dem siebtgrößten Land der Erde entspricht (nach China, USA, Großbritannien, Japan, Frankreich und Deutschland) und der CO_2-Verbrauch derselben Technologie dem des globalen Flugverkehrs pro Jahr gleichkommt. Hier kommt also etwas in der realen Welt auf uns zu, was auf den ersten Blick nur virtuell anmutet. Lauter und vor allem teurer werden Rückkopplungen, wenn wir uns für Kernenergie entscheiden. Wir haben uns dann für das teuerste und gefährlichste Verfahren entschieden, um Wasser heiß zu machen und daraus dann Strom zu erzeugen. Abgesehen davon, dass die Endlagerung nirgendwo auf der Welt wirklich geklärt ist, außer dass zukünftige Generationen es regeln müssen, müssten wir, wenn wir die Risikoprämie mit in den Kilowattstundenpreis integrieren, Strom bezahlen, der 40-mal teurer wäre als ohne die Versicherungsprämie. Da das niemand zahlen will und kann, kommt die Rechnung via Rückkopplung dann in Form von Fukushima, Tschernobyl oder in Form der Kosten der Versicherung bzw. Endlagerung der Technologie dann doch auf uns zu. Zugegebenermaßen sind das alles unbequeme Einsichten.

Solange wir in einer nichtvernetzten Welt lebten, konnte die Berücksichtigung solcher negativen Effekte nur unter Rückgriff auf moralische und ethische Argumente eingefordert werden. Der Gedanke lautet dann: »Es ist schlicht unfair, all dies auf die Natur, auf die Zukunft oder die Dritte Welt abzuwälzen«, und der kategorische Imperativ sagt uns, dass dies alles nicht verallgemeinerbar sei und deshalb zu unterbleiben habe. Es mangelt auch nicht an Problemlösungen. Die prominenteste ist die Internalisierung der negativen Effekte in unser Preissystem. Dies will heißen, wir zahlen aus der laufenden Wertschöpfung mehr für das Benzin an der Zapfsäule, wenden höhere Beiträge für die zukünftigen Renten auf und erhöhen die Entwicklungshilfe. Eine andere Problemlösung sind sogenannte CSR-Kampagnen (Corporate Social Responsibility). Sie haben meist den Charakter der Selbstverpflichtung und sind fester Bestandteil von Fortbildungsmaßnahmen bei Unternehmen bzw. Gegenstand von philosophischen Oberseminaren. Dieser Ansatz hat den Charme, dass er zwar völlig rational, einsichtig und faktisch auch richtig ist. Aber solche Kampagnen haben historisch keine notwendige Verhaltensänderung ausgelöst. Ja, mehr noch: Solche Fakten lösen wohl niemals Verhaltensänderungen aus, auch der Verweis auf die exponentielle Entwicklung derselben nicht. Im Anthropozän ist eben alles anders. Hier ist alles mit allem vernetzt, und man kann auf ein Argument zurückgreifen, das der Philosoph John Rawls formuliert hat: »In welcher Welt wollen wir leben, wenn wir nicht wissen, wie die Verteilungsmuster bzw. wie Belastungen aussehen werden?« Im Anthropozän heißt das: »Wie verhalten wir uns, wenn wir zwar wissen, dass es eine große Rückkopplung gibt, aber nicht wissen, wann und wo sie uns oder unsere Enkel in welchem Umfang treffen wird?« Es gibt nämlich niemanden, der in einer solchen Welt leben will, in der ihn negative Rückkopplungen treffen, ohne dass er auf ein Gemeinwesen zurückgreifen kann, welches ihm bei deren Bewältigung zur Seite steht.

Wenn alles mit allem vernetzt ist, ändern sich folglich unser Denken, unsere Wahrnehmung und unsere Entscheidungsgrundlage, ja unser Bewusstsein und so auch die Form unseres kritischen Denkens, wie Karl Popper es für die Freunde der Offenen Gesellschaft fordert. Vielleicht hilft Folgendes weiter: Denken Sie einmal an eine Entscheidung, welche keine Rückkopplungen produziert. Eine solche gibt es eigentlich gar nicht.

Wir spekulieren uns so regelmäßig in eine chaotische Welt hinein, die objektiv gar nicht stabil ist, aber hilft, uns psychisch zu stabilisieren. Wir sehen und interpretieren Muster, wo gar keine sind. So kann es schnell passieren, dass wir alle im falschen Film sitzen, aber keiner merkt es. Die Fantasie geht mit uns durch, und wir verlieren die Kontrolle über die äußere Realität. Anders: Jeder verlässt sich auf die Irrationalität des anderen, und in Tateinheit entsteht dann ein Rückkopplungseffekt aus der realen Welt, von dem niemand etwas gewusst haben will. Die Folge sind dann Parallelerzählungen und Märchenstunden, die eher ablenken als aufklären, Fake News und *bullshitting*, die jeden Standard an zivilisiertem Diskurs verlassen haben. Noch schlimmer: Es entstehen sogenannte Irrlichter oder Gaslightings,[34] bei welchen es um bewusste Manipulation und Veränderungen der Wahrnehmung und des Informationsstandes geht. Eine andere Strategie ist das sogenannte *pussyfooting*: Anstatt die Wahrheit zu formulieren, schleicht man wie die Katze um den heißen Brei und produziert Themen, die eher ablenken als aufdecken. Das Ganze wird dann immer fiktionaler, inszenierter und banaler statt wahrhaftiger, komplexer und realer. Schließlich haben dann Erkenntnistheoretiker das Wort, die uns sagen, dass ein erneuter Paradigmenwechsel anstehe, oder Populisten, die in chronischer emotionaler und kognitiver Überforderung auf den Vorgang der großen Rückkopplung mit einer intellektuellen Komplexitätsreduktion antworten. Nur die äußere Realität bleibt dabei in jedem Fall unbeeindruckt. Die Folgen sind dann Ablenkungen, die mit dem Thema eigentlich gar nichts mehr zu tun haben, oder Übertreibungen, Übersteuerungen, Überforderungen und fehlende Orientierungen. In der Summe bleiben es aber immer Bilder im Kopf, die einen Verrat an der äußeren Realität, an der Zukunft und an uns selbst gleichkommen und als Bumerang dann auf uns real zurückschlagen. Da helfen dann auch semantische Pirouetten wie etwa die sprachliche Unterscheidung von Erderhitzung statt Erderwärmung, Kreditereignis statt Bankrott oder Facility-Manager statt Hausmeister nicht mehr weiter. Wenn man mit psychologischen Wirkzusammenhängen nicht eingeübt ist, übersieht man schnell, dass das Problem noch gravierender werden kann.

Überall entstehen also nun Rückkopplungen. Sie gab es immer schon, nur jetzt werden sie immer sichtbarer. Wir waren historisch als Menschen immer schon untereinander und mit der Natur vernetzt, zumindest gedanklich. Aber im Anthropozän können wir all die negativen Auswirkungen nun sehen, riechen, schmecken, tasten und fühlen. Diese große Rückkopplung verweist so immer auf die Zukunft, weniger auf die Vergangenheit. Sie erzählt uns eine Geschichte, welche auf uns zukommt, und ist kein Narrativ der Vergangenheit. Und eine Offene Gesellschaft soll eine Antwort auf jene Zukunft sein, sicherlich keine auf die Vergangenheit.

So schafft beispielsweise der Einsatz von digitalen Großtechnologien erstaunliche Effizienzsteigerungen, die einem manchmal den Atem stocken lassen, aber es bleiben dann doch, bei Licht betrachtet, wiederum nur effiziente Insellösungen, die sich einer größeren und systematischen Kritik entziehen. Gewinne auf der einen Seite stehen Verlusten auf der anderen gegenüber, etwa wenn Umweltwissenschaftler uns vorrechnen, dass wir effizienter geworden sind. Wir verbrauchen heute 40 Prozent weniger an Rohstoffen für die Herstellung der gleichen Produkte als noch vor 30 Jahren. Relativ, aber leider nicht absolut. Hier ist das Gegenteil der Fall. Der absolute Rohstoff- und Materialverbrauch war global noch nie so hoch wie heute.

Man kann die Zusammenhänge an der Stelle relativ einfach auflösen: Unendliches Wachstum mit endlichen Ressourcen geht eben nicht, auch nicht, wenn wir Teile des Wachstums durch Technologien effizienter produzieren. Es erinnert eher an ein Perpetuum mobile oder einen Münchhausen-Effekt: Wir versuchen uns gleichsam selbst aus dem Sumpf zu ziehen.[35] Es liegt in der Natur des Arguments, dass man es ständig wiederholt, aber die Lage dadurch leider nicht besser wird. Man fühlt sich zwar wohler, aber die große Rückkopplung schlägt dann umso erbarmungsvoller zu, etwa bei den gestiegenen Gesundheitskosten, den Auswirkungen der globalen Erderhitzung, zunehmender Verschuldung oder der Verseuchung unserer Umwelt. Symptome sind dann asymmetrische Kriege, forcierte Migrationen, Verlust an Biodiversität, Landversiegelungen, schlechte Luft, explodierende Kosten für Sicherheitsdienste, für Gesundheit und soziale Exklusion. Die Auflistung ist bewusst nicht vollständig.

Wir sind also, zumindest auf den ersten Blick, für ein Leben in diesem neuen Zeitalter schlecht ausgestattet. In einem Satz: Es ist ein Angriff der Gegenwart auf die komplette Zukunft des Menschen. Ich darf daran erinnern, dass wir heute als globale Minderheit Entscheidungen für eine zukünftige Mehrheit treffen müssen. Es werden nämlich in Zukunft weiterhin mehr Menschen und mehr (andere) Tiere auf diesem Planeten leben als derzeit. Es besteht fast so etwas wie eine gesättigte Ignoranz, sich mit solchen Fragen grundlegender nicht mehr auseinandersetzen zu wollen. Was bedeutet diese neue Situation für das Desiderat offener gesellschaftlicher Verhältnisse? Was heißt Offene Gesellschaft im Anthropozän?[36]

Einer der ersten Reflexe ist, dass man das Problem an eine Expertengruppe delegiert und sich damit der Auseinandersetzung entledigt. Ein anderer Reflex sind Bagatellisierungen oder Banalisierungen. Etwa so: »Mal sehen und abwarten, was die anderen so machen«, »Es ist doch historisch immer schon irgendwie gegangen, warum also aufregen«, man spricht dann von einer Wait-and-See-Strategie. Oder »Wir machen mal so weiter wie bisher«, das sogenannte Business-as-usual-Vorgehen oder Lock-in-Strategien (»Wenn es wirklich so gut wäre, hätte jemand es schon gemacht«). Diese Strategien werden für unser konkretes Alltagsleben, aber auch für unsere Wirtschaft, für unsere Demokratien und für den Planeten extrem teuer, ineffizient und nichtnachhaltig sein. Es sind allesamt eher Beruhigungsmentalitäten, die uns helfen sollen, mit dem Status quo zurechtzukommen. Eigentlich brauchen wir etwas ganz anderes: Wir benötigen fehlerfreundliche alternative Strategien (»Mal ausprobieren, ob es auch anders geht«), Get-rid-of-Strategien (»Weniger ist besser, aber anders«) und Grace-and-Grid-Szenarien (»Wir wissen viel zu wenig, als dass wir es uns erlauben könnten, auf die Erfahrung anderer Kulturen und Menschen zu verzichten«). Von Beispielen, wie es gehen kann, dann weiter unten.

Aber stattdessen geht es in der gewohnten Lesart weiter. Ständige Zunahme der Größenordnungen oder Beschleunigungen gehören ebenfalls dazu. Dies folgt dann dem Motto: »Wir haben das Ziel aus den Augen verloren und erhöhen stattdessen den Durchsatz und die Geschwindigkeit«. Es betrifft eigentlich alle Bereiche: wie wir arbeiten und wirtschaften, leben und essen, unsere Kinder erziehen, Kriege führen und beten, wie wir Politik machen und die Natur betrachten. Solange wir diese große Rückkopplung in ihrer Dynamik nicht verstehen, hat alles, was wir tun, zwar eine Richtung, aber kein wirkliches Ziel mehr. Wir schrumpfen auf ein Mittelmaß an praktischen Möglichkeiten zusammen, anstatt dass wir die grundsätzlichen Optionen wirklich offenlegen. Wir machen uns hier letztlich kleiner, als wir sind. Statt verantwortungsvolle Individuen mit intrinsischen Motiven sind wir Drifter und reaktive Anpasser. Der Begriff der Selbstverzwergung beschreibt dies vielleicht am besten. Die kurzfristige mediale Belohnung und Aufmerksamkeit ersetzen oder verhindern in erschreckender Weise die reale Umsetzung von neuen und wirklich guten Ideen. Und es gibt deren viele. Der Preis des Externalisierens, den wir uns leisten konnten, solange wir nicht wirklich vernetzt waren und jeder darauf hoffen konnte, dass sich die Dinge von selbst erledigen, diesen Preis zahlen wir jetzt. Es entstehen in der Wahrnehmung ständig Widersprüche und Ambivalenzen, klassische psychologische Kategorien wie Selbstwirksamkeit und Kontrolle gehen dann meist verloren.[37]

Das ist alles keine einfache Übung, vielleicht sogar eine Zumutung, weil man, wie die Praxis zeigt, schnell in den falschen Debatten stecken bleibt. Aber diese Überlegungen sind unerlässlich. Anders formuliert: Welche Erzählung umfasst die bisherigen und trägt noch etwas Zusätzliches bei. Welches Narrativ ist also das bessere? Denn wer hier nur disruptive technologische Veränderungen fordert und sät, ohne sie hinreichend zu kommentieren, der wird schnell einen Sturm ernten, dessen wir dann nicht mehr Herr werden. Das alles erinnert eher an den freundlichen Herrn im Anzug, der perfekt passt, aber dem der innere mentale Kompass verloren gegangen ist. Wenn wir uns dabei eine gewisse Sensibilität für soziale und ökologische Veränderungen bewahren wollen, dann kann man Transformationsprozesse nicht sich selbst überlassen. Die Konfliktlinien sind nicht durch neue Erkenntnisse der System- oder Spieltheorie zu beheben, wohl auch nicht Ausdruck eines Kulturkampfes und religiöser Auseinandersetzungen. Selbst der unproduktive Streit zwischen neoklassischer und heterodoxer Modellbildung in der Ökonomie wird sich hier unterordnen müssen, und schließlich ist auch der Richtungsstreit zwischen linken und rechten politischen Lagern so lange irrelevant, wie die Wasserscheide zwischen jenen, die die globale Rückkopplung anerkennen, und jenen, die sie leugnen, nicht gezogen wird.

Stattdessen halluzinieren wir vorsätzlich vor uns hin, nur um uns der Realität zu verweigern; und wenn wir dann noch das Verhältnis von Risiko und Eigenverantwortung völlig entkoppelt haben, dann entstehen zahlreiche unbeabsichtigte Effekte bewusst rationalen Handelns, und wir wundern uns, in welcher Welt wir aufgewacht sind.

Es geht gewissermaßen um ein Bewusstseinsinventar zum Stichtag: Was geht und was muss raus? Der kategorische Imperativ von Immanuel Kant kann hier weiterhelfen. Er zeigt uns nämlich, ob etwas verallgemeinerbar ist oder aber nicht. Wir leben eben nicht über unsere Verhältnisse, wie es der Sprachgebrauch vorgibt, weil das physikalisch gar nicht geht, sondern ständig auf Kosten der Verhältnisse von anderen. Die Sintflut kommt eben nicht nach uns, sondern findet schon ständig neben uns statt, wir wollen es nur nicht wahrhaben.[38] Wir wissen das alles, wollen es aber eigentlich nicht hören. Das sind alles Ausdrucksformen der großen Rückkopplung.

Man könnte auch sagen: Die Menschen sind auf weiten Strecken die Gleichen geblieben, aber die Welt hat sich verändert, und die institutionellen Intermediäre zwischen dem Einzelnen und der Welt – vor allem Medien, Wissenschaft, Politik, Kirchen, Markt, dritter Sektor, zu denen wir alle immer auch gehören – haben kein richtiges Narrativ mehr. Wir erzählen uns ständig die falsche Geschichte. Wahrscheinlich haben in Zukunft jene Narrative die größte Überzeugungskraft, die Aussicht auf eine Veränderung an sich proklamieren und nicht die Bewahrung des Status quo fordern. Wenn wir hierauf keine wirklich gute Geschichte haben, haben wir eigentlich die intellektuelle, sicherlich aber die politische Legitimation verwirkt.

2.4 Kritisches Denken in einem neuen Aggregatzustand

Für Karl Popper steht im Zentrum die Fähigkeit zur Kritik. Sie ist allerdings keine individualpsychologische Kategorie, wie etwa Wahrnehmung, Impulskontrolle oder unser Sensorium wie das Schmecken, Riechen oder Sehen, sondern verweist in erster Linie auf eine soziale Dimension. Popper nennt sie »Widerlegbarkeit« oder »Falsifikation«. Denn nicht nur der Einzelne kann sich irren, auch die Gesellschaft kann danebenliegen, und so gilt es, gesellschaftliche Rahmenbedingungen zu formulieren, die es erlauben, Widerlegungen zu ermöglichen. In einer solchen Betrachtung entsteht dann ein anderes Denken, ein anderes Bewusstsein über uns und die Welt. Wir sind dann in der Lage, nicht nur Probleme zu benennen, sondern zu erkennen, dass der mentale Frame, also die Art, wie wir mit den Problemen umgehen, das eigentliche Problem ist.[39] Wir sind dann nämlich in der Lage, mehr und vor allem bessere Daten und Informationen von verschiedenen Disziplinen, Kulturen, Religionen und politischen Systemen mit zu berücksichtigen. Kritik wird dann nicht als eine Bedrohung unseres Lebens oder unserer Gemeinschaft verstanden, sondern als Möglichkeit, sein Leben und seine Gemeinschaft ständig zu verbessern. Wir fangen an, kritisch gegenüber uns selbst zu werden, können Inkonsistenzen und Widersprüche, Fremdes und Unbekanntes aushalten, ohne es gleich abzuwerten und auszugrenzen. Es kann dann sein, dass wir nicht mehr den Anspruch haben, ein großer Fisch in einem kleinen Teich zu werden, der sich durch Autonomie und Abgrenzungen ständig behaupten muss, sondern dass wir eher ein kleiner Fisch in einem großen Meer sind. Anders ausgedrückt: In dem neuen Zeitalter, in dem wir nun leben, werden wir idealerweise alle ein kleinerer Teil in einem größeren, vernetzten, sinnvollen und begrenzten Ganzen. Das sind alles mentale Vorgänge und Resultate unseres Denkens, eben des kritischen Denkens. Und dabei sind es in erster Linie nicht die Technologien und Governancestrukturen, denen das Bewusstsein folgt, sondern genau umgekehrt. Der kritische Verstand ist der erfolgreiche Game Changer, der darüber entscheidet, ob wir mit Erfolg oder Misserfolg zusammenleben können. Zugegebenermaßen ist das alles in Teilen nicht neu oder besonders originell. Neu daran ist allerdings die globale Tragweite.

Das alles bleibt nicht folgenlos für unser individuelles Bewusstsein. So hebt sich im Zuge einer zunehmenden Vernetzung aus einem fragmentarischen, perspektivischen und autonomen Ich-Bewusstsein ein globales Bewusstsein heraus, welches wiederum auf das individuelle Denken zurückwirkt. Und so entsteht dann ein Bewusstseinsschwerpunkt, bei welchem eben nichts mehr getrennt, sondern alles integral, ganzheitlicher ist und dabei immer kritisch und offen für Fehler und Revisionen bleiben muss. Kritik schafft also mehr Bewusstheit, und mehr Bewusstheit schafft mehr an konstruktiver Kritik.[40]

Jetzt gilt stattdessen das Motto Voltaires: »Ich bin nicht deiner Meinung, aber ich kämpfe dafür, dass du jene auch weiterhin äußern kannst.« Man nennt dies einen Zustand der reziproken Toleranz, und sie ist ein geistiges Produkt unseres kritischen Verstandes.[41] Nun ist dies auch wiederum ein mentaler Zustand, der eine andere Sprache, andere Emotionen und eine andere Form der Kommunikation fordert, und so entstehen dann wieder andere Geschichten. Also nochmals: welche Geschichte? Die kurze Antwort ist: Es ist ein Leben in offenen gesellschaftlichen Verhältnissen. Die längere Antwort wird uns in den folgenden Kapiteln begegnen.

Im politischen Kontext gilt bekanntlich, dass Sprechen und Handeln häufig zusammenfallen. Wenn das stimmt, dann ist kritisches Sprechen zugleich auch kritisches Handeln und integrales kritisches Denken eben zugleich auch integrales kritisches Handeln. Das Umgekehrte gilt aber leider auch. Das heißt, unkritisches Sprechen führt zu unkritischem Handeln.[42]

Der Begriff »Kritik« kommt vom griechischen Verb *krinein* und meint nicht bekritteln oder nörgeln, immer gegen alles sein, sondern trennen, prüfen, die Fähigkeit zur Urteilsbildung. Dies heißt wiederum so viel wie die Unterscheidung der Geister bzw. die Fähigkeit zur Priorisierung von wichtig und unwichtig. Aber es meint noch mehr, nämlich die Fähigkeit zum Infragestellen des Gegebenen, des Common Sense und des Faktischen. Nicht die Reproduktion von Identitäten und Konsens, die Wiederholung und das Repetitive und Bekannte, die Übereinstimmung und das Althergebrachte, sondern die Differenzen und die Herstellung und das Aufdecken von Wechselwirkungen machen das kritische Denken jetzt aus. Kurz: Die *differentia specifica* der Kritik ist nicht die Verneinung, sondern die Unterscheidung. Hier entsteht ein interessantes Paradox: Kritisches Denken innerhalb von Grenzen führt schließlich zu der Einsicht, dass alles mit allem vernetzt ist, also in wechselseitige Abhängigkeiten führt. Und so ist folgerichtig Politik in der Offenen Gesellschaft dadurch ausgezeichnet, dass sie diese Interdependenzen denken kann, das heißt integral wird: ökologische Zusammenhänge, soziale und ökonomische Verläufe, psychisch-individuelle und kollektive Mechanismen, Innen- und Außenperspektiven, Quantitäten und Qualitäten, Zahlen und Bilder, Worte und Gesten, Töne und Schweigen, Emotionen und Gedanken. Keiner dieser Wirklichkeitsbereiche ist auf den jeweils anderen reduzierbar, aber alle sind wichtig, damit wir unsere Realität wirklich kritisch durchdringen können. An die Stelle von Reduktionismen treten Wechselwirkungen, und diese setzen ein hohes Maß an kritischer Distanz und Reflexionsleistung voraus. Wir wissen alle, dass man ein komplexes, nichtlineares System nicht vollständig begreifen kann, sondern stattdessen eine andere Haltung, ein anderes Bewusstsein benötigt. Ein Bewusstsein, in welchem es um mehr Demut und weniger Ego, mehr Kooperation und Kommunikation und weniger Kompetition und Krieg, um mehr Mut und weniger Geschwätz und um integrales und systemisches Denken und weniger um logisch-analytische Insellösungen, effizienzsteigerndes Detailwissen, Rechthabereien, Ego-Shows und Expertengehabe geht. Das Zeitalter der Offenen Gesellschaft ist ein Zeitalter, dessen kritischer Geist beim Kritisieren eben nicht stehen bleiben wird, sondern neue interdisziplinäre, transdisziplinäre, für Theorie und Praxis gleichermaßen lebensrelevante Zusammenhänge formuliert. Kritisches Denken im 21. Jahrhundert bekommt einen neuen Aggregatzustand, es wird integral. Und wenn wir ehrlich sind, befinden wir uns bereits in einer solchen Zukunft. Wir haben es nur nicht alle gemerkt.

2.5 Die großen und vielen kleinen Feinde

Bevor wir nun endlich klären, was offene gesellschaftliche Verhältnisse im 21. Jahrhundert sind, gilt es zu zeigen, was sie alles nicht sind. Karl Popper schreibt die Offene Gesellschaft gegen den Nationalsozialismus und gegen den Stalinismus als die beiden verheerenden sozialen Erfindungen des 20. Jahrhunderts. Die Freunde der Offenen und jene einer geschlossenen Gesellschaft sind sich allerdings nicht nur einmal am ausgehenden Zweiten Weltkrieg begegnet, sondern sie treffen sich ständig und immer wieder aufs Neue. Geschlossene Verhältnisse gibt es darüber hinaus nicht nur als Ganzes, sondern auch in Teilen, auch innerhalb offener, demokratischer, freier und egalitärer Gesellschaften.

Solche Denkübungen münden dann unverzüglich in Orientierungslosigkeiten, Ohnmachtsfantasien, Trivialitäten und falsche Relativierungen, wenn sie nicht zugleich zeigen können, wo die eigene Kritik selbst zum Gegenstand wird. Uns geht dann schnell der Kompass dafür verloren, wo es hingehen soll. Wenn alles kritisiert wird, dann gilt es auch die Position »Alles kritisieren zu können« zu kritisieren. Das ist keine philosophische Trockenübung für Proseminaristen, sondern eine geistige Haltung der Freunde der Offenen Gesellschaft im 21. Jahrhundert gegen ihre Feinde. Alles kritisieren können, nur die eigene Position nicht, geht gar nicht.

Am Anfang steht häufig der Pankritizismus oder Relativismus.[43] Die Idee, dass man immer und überall alles kritisieren muss, hat jedoch etwas störend Inkonsistentes an sich und mutet eher infantil oder pubertär an. Denn es gibt hier keine letzten Wahrheiten, sondern immer nur Problemlösungen auf Sicht.[44] Beide, Pankritizismus und Relativismus, haben so sicherlich nichts mit dem Konzept Poppers zu tun. Man muss den Gedanken der Kritik wirklich bis ganz zu Ende denken, damit der Beitrag von Karl Popper sichtbar wird. Kurz: »Leistet Kritik einen Beitrag für die Freiheitsgrade ihrer Mitglieder oder nicht?« Das ist alles andere als trivial oder selbstverständlich: Es wäre durchaus denkbar, dass sich die Kritik anderer Zielsetzung verpflichtet weiß, etwa der allgemeinen Wohlstandsvermehrung, der Nutzenmaximierung, der Gleichheit oder der Gerechtigkeit. Aber das ist nicht Karl Poppers Thema.[45] »Die Freiheit, vielleicht die höchste aller persönlichen Werte, muss begrenzt sein«, heißt es. Er nennt gleich mehrere solcher Feinde der Offenen Gesellschaft: den Kollektivismus und das Verbleiben in abgeschlossenen Sozialbezügen, den Historismus, den Utopismus, den Essenzialismus sowie den Holismus. Meistens treten sie in einer Mischform auf, oft verdeckt, nicht immer sichtbar, manchmal außerhalb der Landesgrenzen, manchmal auch innerhalb und nicht selten gar in unseren Köpfen. Fairerweise müsste man sagen, dass vor allem ihre undogmatischen Maximalvarianten in geschlossene Verhältnisse führen.

Mit dem Kollektivismus wird etwa eine Spielart geschlossener Verhältnisse angesprochen, in welcher die Gruppenzugehörigkeit wichtiger ist als individuelle Freiheitsgrade. Kollektive sind hier die bessere und vollkommenere Analogie zur Person. Autonomie und Vollkommenheit erreicht die Person erst in der Gesamtheit des Gemeinwesens. Und Kollektive entstehen durch Exklusion, das heißt Ausschluss und Unterscheidung von denen, die dazugehören, und denen, die dies nicht tun. Aber wir werden noch sehen: Es ist nicht leicht zu bestimmen, was für einen einzelnen Menschen gut sein soll, wenn man weiß, was für die Gruppe, die Stadt, den Staat und die Gesellschaft gut ist. Eine weitere Spielart geschlossener Verhältnisse stellt der Historismus dar. Hier geht es um eine rückwärtsgerichtete Betrachtung. Ziel ist es, Entwicklungsgesetze zu identifizieren, die es uns erlauben, Voraussagen und Prophezeiungen machen zu können.[46] Der Utopismus, eine weitere Variante der Feinde offener Verhältnisse, lebt von der Idee, dass gesellschaftlicher Fortschritt, Wohlstand, Sicherheit und Ordnung unter Umgehung konflikthafter Auseinandersetzungen zu erreichen sind. Karl Popper nennt als weiteren Freund geschlossener Verhältnisse den Essenzialismus und meint damit die Lehre, dass es um unveränderliche Größenordnungen und Entitäten in Gesellschaft und Realität geht. Die Geschichte ist eigentlich schon geschrieben, sie liegt uns fertig vor. Jetzt geht es nur noch darum, sie richtig zu deuten.

Wir brauchen aber, wie wir gesehen haben, etwas anderes: ein interaktives Tagebuch, bei dem alle mitmachen, keine Deutungshoheit einer Expertokratie, die uns sagt, wie das geht. Es sind dann häufig bereits die Fragestellungen, die eine solche Geisteshaltung demaskieren: »Was ist der Staat, was ist ein Markt? Wer soll regieren?« Solche Fragen tragen keinen wirklichen Erkenntnisfortschritt in sich. Im Archivieren, Katalogisieren, Sammeln und Systematisieren liegt höchstens ein heuristischer Wert. Aber letztlich entsteht nichts Neues, sondern es wird nur ein weiterer Grund geliefert, alles beim Alten lassen zu können.

Offenbar gibt es große und viele kleine Freunde einer geschlossenen Gesellschaft, innerhalb und außerhalb unserer westlichen Gesellschaften. Sie sind nicht immer leicht zu identifizieren, aber sie begegnen uns jeden Tag. Zu den großen zählt in der Lesart Karl Poppers, wie gesagt, der Totalitarismus. Die Liste, welche durch Historizismus, Kollektivismus und Essenzialismus angeführt wird, muss jetzt ergänzt werden. Zu den vielen kleinen Freunden geschlossener Verhältnisse zählen am beginnenden 21. Jahrhundert wohl auch die zahlreichen Ausdrucksformen autokratischer Regierungsstile, in denen die freie politische Meinungsäußerung als Angriff auf das System oder an den jeweils Regierenden missverstanden und nicht als Verbesserung der gesellschaftlichen Situation begriffen wird; dann auch die Populisten, die keine andere Meinung zulassen außer die eigene und dann noch den missionarischen Eifer besitzen, alle von der eigenen Meinung überzeugen zu müssen, auch mit Gewalt, wenn es sein muss. Dann kommen die Neonationalisten, wo man auf das Streben nach völkisch, ethnisch homogenen Stammeskulturen trifft, denen genetische und biologische Zugehörigkeiten wichtiger sind als individuelle Freiheitsgrade. Dann aber auch Rassisten, religiöse und politische Fundamentalisten, denen der Rollenwechsel zwischen der eigenen, unkorrigierbaren Überzeugung und dem des Rests der Welt nicht mehr gelingt, sowie die vielen subtilen Spielarten des Reduktionismus[47] und des Relativismus,[48] welche alle keine wirklichen Antworten auf die Zukunft haben. Die Liste ist noch nicht zu Ende. Es gibt weitere Freunde geschlossener Verhältnisse, so die Vertreter eines unkritischen Holismus. Anstatt dass wir uns eingestehen, dass alles mit allem vernetzt ist, nichtlineare, komplexe Rückkopplungen unser Leben bestimmen und wir lernen müssen, mit dieser Ungewissheit umzugehen, haben jene Vertreter bereits Patentrezepte, fertige Programme und abgeschlossene Erklärungen parat. Man kann wohl sagen: Überall dort, wo Vielfalt, Meinungsverschiedenheiten, Unvollkommenheit und Pluralität vorliegen, liegt auch kein Holismus vor.[49]

Anders formuliert: Wir leben nicht in offenen gesellschaftlichen Verhältnissen, wenn

– uns primäre Gruppenidentität, homogener Gruppengeist und abgeschlossene Sozialbezüge wichtiger sind als personale Freiheit,
– geographische Partikularinteressen den Anspruch auf Verallgemeinbarkeit aufgegeben haben,
– die Geschichte uns sagt, wie die Zukunft aussehen soll,
– rückwärtsgerichtete Deutungen, Begriffsdefinitionen und Wesenheiten berichten, wann ein Leben gelungen ist,
– wir durch holistische Utopien immer schon meinen zu wissen, wie die Zukunft eigentlich aussieht
– und die Wirklichkeit eigentlich immer klar und eindeutig, rund und vollständig, fertig und abgeschlossen ist.[50]

Zwischen dem kritischen Denken und der Loyalität zur Offenen Gesellschaft besteht aber kein Gegensatz. Im Gegenteil. Das hat Popper deutlicher als viele zeitgenössische Intellektuelle, Wissenschaftler, Politiker und Aktivisten gesehen. Das Gefühl, richtigzuliegen und die richtigen Entscheidungen zu treffen und jene auch noch mit dem Zusatz versehen zu dürfen, dass es jetzt alle auch so machen müssen, trifft immer auf eine instabile und unzuverlässige Wissensquelle. Evidenzerlebnisse und Wohlfühlrhetorik sind nicht das Gleiche wie kritische Abwägungen und vorläufige und revisionsoffene Entscheidungen. Wir neigen dazu, unser Wissen und die Kontrolle über Vorgänge ständig überzubewerten. Die fehlende Kompetenz wird dabei nicht nur durch individuelle bzw. öffentliche Kritik korrigiert, sondern wir neigen dazu, unsere Fähigkeiten ständig zu überschätzen.[51] So ist das Konzept der Nachhaltigkeit beispielsweise eine Eigenschaft eines Systems, keine bewusstseinspsychologische Kategorie. Das Gefühl oder die Stimmung, sich nachhaltig zu verhalten, fällt häufig nicht mit den systemischen Eigenschaften eines nachhaltigen Systems zusammen. Nachhaltigkeit ist in diesem Sinne also kein persönlicher Trait-Faktor, sondern fordert den Einblick in politische, wissenschaftliche und demografische Zusammenhänge, welche der Einzelne dann in seinem Lebensstil als Konsument und Bürger bewusst umsetzt.

Wir werden sehen, dass in der Offenen Gesellschaft andere Kategorien an Bedeutung gewinnen: Kritik, Korrekturen und Kontrollmechanismen, Konfliktregelungen und Konfrontation. Also jene fünf K, welche alle das erklärte Ziel haben, eine Vielfalt von Lebensstilen, Optionen und Anrechten, funktionellen Hierarchien, Normen und Verpflichtungen zu garantieren. Dennoch gilt es zu berücksichtigen: Manche Spielarten geschlossener Verhältnisse sind subtiler.[52]

Denn die genannten Freunde einer geschlossenen Gesellschaft haben trotz ihrer Unterschiede sicherlich eines gemeinsam: Ihnen fehlt die reale Anpassungsfähigkeit an eine sich ändernde äußere und innere Realität. Die Wirklichkeit ist anders, als uns die Freunde einer geschlossenen Gesellschaft erzählen wollen. Die Welt im beginnenden 21. Jahrhundert ist durch geoökologische Grenzen und Totalvernetzung charakterisiert, und der Mensch sitzt am Lenkrad und entscheidet, wo die Reise hingehen soll. Aber die Realität ist noch in einem ganz anderen Sinne anders, als uns die großen und vielen kleinen Freunde der geschlossenen Gesellschaft weiß machen wollen. Die Evolution hat uns ein kritisches Denkvermögen beschert, um globale Probleme zu lösen, nicht aber, um vermeintlich letzte Wahrheiten und Fragen zu beantworten. Letzte Wahrheiten sind nicht durch den logisch-kritischen Verstand allein zu fassen. Das heißt, Forschung und Denken haben auch die Aufgabe, die Grenzen dessen zu definieren, was erforschbar ist und was nicht. Ein unabhängiger, empirisch gestützter und evidenzbasierter Wissenschaftsbetrieb wird uns helfen zu erkennen, dass wir das ganze Narrativ umschreiben müssen.[53] Ohne Wissenschaft merken wir es nicht, dass eine Stadt mit 650 000 Einwohnern und einem westlichen Wohlstandsmodell einen ökologischen Fußabdruck hat, welcher so groß ist wie Belgien. Und ohne Wissenschaft kommen wir nicht zu der Schlussfolgerung, dass die reichsten drei Millionen US-Bürger anstatt der erlaubten 6 Tonnen CO_2 318 Tonnen (!) im Jahr verbrauchen.[54] Und ohne Wissenschaft werden wir nicht feststellen können, dass allein die größten 15 Frachtschiffe pro Jahr so viele Schadstoffe ausstoßen wie 750 Millionen Autos. Und weltweit sind rund 90 000 Schiffen unterwegs. Allgemeinbildung und gesunder Menschenverstand sind immer gut und hilfreich, reichen aber bei zahlreichen komplexen Fragestellungen nicht aus. Es bedarf der Ergebnisse des Wissenschaftsbetriebs. Eine kritische und informierte Öffentlichkeit wird anfangen, unbequeme, aber wichtige Fragen zu stellen, und der individuelle kritische Verstand wird im Neinsagen und der Widerlegung keinen Verlust der Identität, sondern einen sozialen Fortschritt erkennen.[55]

Dass man hier schnell überfordert ist, kann ich verstehen. Aber wir sind nicht allein, und wir haben im Modell der Offenen Gesellschaft, wie wir gleich sehen werden, Mechanismen an der Hand, Fehler machen zu dürfen, ohne dass Menschen sterben; wir haben Kontrollmechanismen, die uns zeigen, wie wir Menschen ihrer politischen Macht entledigen können, ohne dass ganze Staaten kollabieren; und die Freunde der Offenen Gesellschaft verfügen über bürgerliche Tugenden, welche es ihnen erlauben, mit Respekt und Toleranz, Wahrhaftigkeit und Mut, kritischer Selbstbegrenzung, durch Versuch und Irrtum schlicht Probleme zu lösen. Es gibt wohl einen grundlegenden Unterschied, ob man nun durch die Deformierungen eines Systems nach hinten, nach unten, nach links oder rechts gekrümmt geht oder ob man sich im aufrechten Gang übt und dabei immer wieder hinfällt: Die Mitglieder eine Offenen Gesellschaft bevorzugen das Letztere.

Ich möchte der Darstellung mit einer Karikatur nicht schaden, aber manchmal tragen Übertreibungen dazu bei, den Unterschied nochmals deutlich zu machen. In geschlossenen Gesellschaften gibt es Ewigkeits- und Wahrheitsgarantien und metaphysische Überhöhungen, auf die man in der Offenen Gesellschaft verzichten lernen muss. Und wenn man sich selbst nur dann erhöhen kann, wenn man andere erniedrigt, dann kann man den Wettstreit mit der Zukunft nicht gewinnen. Die Freunde der geschlossenen Gesellschaft liefern folglich die falschen Lösungen für die richtigen Probleme. Wir dürfen als Vertreter und Verteidiger der Offenen Gesellschaft nicht den Fehler machen, dass wir die Unterscheidung wer dazugehört an den Spielregeln festmachen, welche uns ihre Gegner vorgeben: Etwa die Spaltung von Links und Rechts, oder die Trennlinien von Freunden und Fremden oder von Bekanntem und Unbekanntem. Die einzige Linie, die wir ziehen dürfen, ist jene, welche uns ein Mehr an Offenheit verspricht.

Man kann die persönliche Freiheit, um die es im Kern geht, nur haben, wenn man auch bereit ist, seine eigene kulturelle Identität mitzubestimmen. Letztlich haben die Freunde der geschlossenen Gesellschaft Angst vor der Zukunft, Angst vor deren Herausforderungen, und damit haben sie Angst vor sich selbst und vor der Freiheit, welche vor ihnen liegt.

Zugegebenermaßen liegen wir manchmal mit den Freunden der geschlossenen Gesellschaft im gleichen Bett oder zumindest nebenan, nur träumen wir von einer anderen Realität. Die einen träumen von einer Transformation ohne Krise – ein Traum, der eher infantilisiert als befreit, der eher vermeidet, wegsieht und verdrängt. Die anderen träumen von einem Weg, der durch Versuche und Irrtümer gezeichnet ist, immer unsicher bleibt, aber dafür in die Freiheit führt.

Das Verhältnis zwischen beiden Alternativen wird dadurch gefährlicher, dass die vielen großen und kleinen Freunde der geschlossenen Gesellschaft weniger unsere Straßen als unsere Köpfe besetzen. Das heißt nun aber, dass die Gefahren vor allem von innen kommen und weniger von außen. Wir werden uns in der Offenen Gesellschaft nicht nur zutrauen müssen, dass wir in einer anderen Gesellschaft leben wollen, sondern in einer besseren, weil bewussteren, in einer kritischeren, weil umfassenderen und in einer freiheitlicheren, weil zukunftsfähigeren.

3

Der Übergang

Die Dinge wiederholen sich nicht wirklich, bilden also keine Zyklen, sondern vielmehr Bifurkationen, also Gabelungen, welche die Richtung der Entwicklung angeben. Und Übergänge sind immer schwierig. Karl Popper hat hier gar von der »größten Revolution der Menschheit« gesprochen.[56] Ohne Krisen infantilisieren wir und regredieren auf Entwicklungsstufen, die das ganze Potenzial menschlicher Kreativität, ihre Strategien, Probleme zu lösen, ihre Intelligenz, Schönheit, Wissen, ihren Erfindungsreichtum und Entdeckergeist nicht annähernd zur Darstellung bringen. An ihre Stelle treten dann Beschäftigungen wie Dauerbespaßung, digitale Ablenkungen, soziales Vermeidungsverhalten, ermüdende Minimalkonsense und symbolträchtige, aber inhaltsleere Gesten. Die Sozialfigur des Konsumtrottels drängt sich auf. Man kann auch sagen: Fortschreitende Technologisierung und Konsumismus laufen so Gefahr, uns zu infantilisieren. Damit wird uns die Möglichkeit genommen, unser kreatives Potenzial abzurufen. Anstatt, dass wir das Alte immer weiter bis zur Unkenntlichkeit differenzieren, durch Echokammern und Endlosschleifen wiederholen, kann man sich auch auf den Weg machen, Neues zu entdecken.

Die Offene Gesellschaft wird in diesem Sinne ganz anders: Sie ist selbstorganisierend, autopoietisch, ermöglicht ein Zusammenleben fernab vom Gleichgewicht, sie ist kein natürlicher Zustand und sicherlich nichts Gegebenes oder genetisch biologisch Festgelegtes, sondern etwas Errungenes und Gemachtes. Wir wissen heute zwar nicht, was morgen wird, aber die Realität, die wir schaffen, generiert selbst eine Wirklichkeit, die auf uns zurückwirkt, im Positiven wie im Negativen. Karl Popper hat das eine »selbsterfüllende Prophezeiung« genannt.

Eine Offene Gesellschaft wird selbsttragend und nicht fremdbestimmt sein. Daraus ergibt sich mehr Freiheit für ihre Freunde, eine höhere Anpassungsfähigkeit an veränderte Umstände, aber zugleich wird das Leben in offenen Verhältnissen immer unfertig, fragil, sicher nicht perfekt und zugleich anstrengend sein. Wir werden uns hier ständig sagen müssen, dass wir eigentlich zu wenig wissen und Entscheidungen unter Unsicherheit und dem Vorbehalt der Fallibilität treffen müssen.[57] Der Argumentationsgang einer geschlossenen Gesellschaft dagegen ist anders: Hier folgen wir einem kollektiven Gesetz, welches in der Geschichte, durch eine Transzendenz, ein Naturgesetz oder eine ethnische Autorität begründet wird. Ein solches Leben in geschlossenen Verhältnissen ist dann zweifelsfrei stabiler, wohl auch träger, einfacher und überschaubarer, aber unfreier. Es stehen folglich Gewissheit versus Unsicherheit und Konsens versus Kritik gegeneinander, und jedes Mal ändert sich das Verhaltensmuster ihrer Mitglieder.

Manchmal entsteht der Eindruck, dass wir aus Angst mehr an dem festhalten, was wir kennen, etwa der Vergangenheit oder der Auseinandersetzung von links und rechts, als dass wir den Mut haben, die Blickrichtung zugunsten dessen zu ändern, was wir gewinnen können oder auch grundsätzlich verlieren würden.[58]

Und zugegebenermaßen ist der Weg in die Offene Gesellschaft zudem der schwierigere Weg, aber es ist der bessere. Wahrscheinlich gelingt die Transformation in offene gesellschaftliche Verhältnisse nicht durch eine ständige Opposition und Gegensatzbeziehung zu ihren eher geschlossenen Vorläufern, sondern nur durch einen fortschreitenden Prozess der Differenzierung, Inklusion und Transzendenz. Das Argument bekommt schnell eine Schlagseite, wenn man nicht richtig hinsieht. Das heißt, dass es zwischen rein geschlossenen Verhältnissen auf der einen Seite und eher liberalen, globalen und universellen Tugenden auf der anderen Seite vor allem Grade der Weiterentwicklung sind, welche den Übergang charakterisieren.[59] Damit kommt den Letzteren eine besondere Aufgabe und Verantwortung zu. Wenn man dieser Betrachtung folgt, dann liegt dem Ganzen nämlich ein Entwicklungsgedanke zugrunde. Das heißt, früheres Denken und frühere Erkenntnisse gilt es zu erinnern und richtig einzuordnen, wobei es dem späteren Entwicklungsschritt gelingt, den früheren zu differenzieren, einzuschließen und zu transzendieren. In diesem Sinne ist die Offene Gesellschaft die breitere, umfassendere und damit spätere gesellschaftliche Kategorie im Vergleich zur geschlossenen.[60] Sie entzieht sich der historischen Schwerkraft und entsteht nicht durch eine zyklische Pendelbewegung oder ein irgendwie geartetes Gleichgewicht. Sie ereignet sich schon gar nicht automatisch. Und das alles kann schnell wieder verloren gehen. Die Schaffung offener gesellschaftlicher Verhältnisse ist also immer mit einer Kraftanstrengung verbunden. Offene gesellschaftliche Verhältnisse sind deshalb eine kulturelle, zivilisatorische Errungenschaft, welche es ständig zu erhalten gilt.

Fehlermachen wird in einer Offenen Gesellschaft dann zu einem Erkenntnisfortschritt. Freiheit soll in ihr nicht Zufall sein, sondern an Regeln hängen, die wir verstehen und korrigieren können. Wir lernen bekanntlich erst durch Irrtümer mehr über das Funktionieren unserer sozialen Welt. Wahrscheinlich gilt die Faustregel: Je komplexer, je kritischer, desto fehlerverzeihender muss ein System sein, um als offenes System durchzugehen.

Geschlossene Verhältnisse wirken nach außen hin stabiler und mächtiger, sind aber nach innen hin fragiler. Sie fallen zusammen wie ein Kartenhaus, wenn man sie bei Licht öffentlich kritisieren kann, etwa durch eine freie Presse, unzensierte Medien oder durch freie Bürgerversammlungen. Geschlossene Verhältnisse, wie sie im Populismus oder in den unterschiedlichen Spielarten der Autokratien und Neonationalismen[61] am beginnenden 21. Jahrhundert wieder auftauchen, implodieren regelrecht, wenn sie auf die Wucht wahrhaft wissenschaftlicher Evidenz und technologischen Fortschritts treffen. Sie widerlegen sich selbst, wenn auf einmal die Abwählbarkeit von politischen Mandatsträgern auf der Tagesordnung stehen würde und Menschen auf freien Märkten, in freien Bildungseinrichtungen Versuch und Irrtum, Scheitern und Erfolg der Vorgabe von festgelegten Lebensentwürfen vorziehen.

Bei Offenen Gesellschaften ist es genau umgekehrt: Sie wirken nach außen fragiler und vor allem verletzlicher. Nach innen jedoch sind sie stabiler, weil anpassungsfähiger. Ihr Endoskelett, so könnte man sagen, besteht aus lauter selbstbestimmten, autonomen Menschen, die sich auf den Weg gemacht haben, in gegenseitigem Respekt, Achtung und Demut vor der Verletzbarkeit und Unvollständigkeit menschlicher Existenzen miteinander leben zu wollen. Es gibt wohl nichts Wirkmächtigeres in der Evolution als Menschen, die bereit sind, sich kritisieren zu lassen, aus ihren Fehlern zu lernen, und so unbeirrbar ihren Weg in die Freiheit gehen.[62]

Es sind also wohl jene Grade der Offenheit, von denen wir im Folgenden sprechen müssen. Zugegebenermaßen sind Utopien, Historismus, kollektive Mechanismen nicht nur und immer schlecht, aber als primärer Rahmen, um unser Zusammenleben im 21. Jahrhundert zu organisieren, eben eher geschlossen. Aber wie gesagt, wenn wir in einer Offenen Gesellschaft politisch einschlafen, dann kann es sein, dass wir in einer geschlossenen wieder aufwachen.[63]

Mir gefällt das Bild der Gesteinssedimente. Spätere Schichten überlagern frühere. Frühere gehen niemals verloren, werden aber überformt, transzendiert, manchmal gar verbessert. Wenn die späteren abgetragen werden oder erodieren, dann werden die früheren wieder sichtbar. So ist die Welt für die Freunde der geschlossenen Gesellschaft stimmig, kohärent und konsensfähig, aber nur für alle, die dabei sind, für alle, die jener Sedimentschicht angehören; für alle anderen nicht. Jedoch für die Herausforderungen im 21. Jahrhundert sind geschlossene Gesellschaften schlicht ungeeignet, stellenweise störend inkonsistent, aber sicherlich nicht zeitgemäß.

Der Übergang von einer Phase in die nächste hat noch eine weitere Qualität. Es ist dann nichts mehr linear, sondern, wie Karl Popper sagt, »emergent«. Mit einem solchen Phasenwechsel von einer Welt in die nächste tauchen neue Eigenschaften auf, die aus der ursprünglichen Form nicht vollständig vorhersehbar sind. Bekannt ist dies etwa bei der Molekülstruktur von Wasser und seinen Eigenschaften, der Erfindung der Sprache oder auch der Entstehung des Bewusstseins. Für die Offene Gesellschaft nach Karl Popper gilt dies auch. Offenheit als gesellschaftliche Dimension hängt also auch am Phänomen der Emergenz.[64] Dennoch erschließt sich ihre gesellschaftspolitische Dimension fast automatisch und intuitiv. Man könnte von »offen« sprechen, wenn dabei Gesellschaftsformen vorliegen, in denen die Fähigkeit vorherrscht, auf Entwicklungen und Veränderungen adäquat und realitätsnah reagieren zu können, in denen diskursive Auseinandersetzungen wichtiger sind als gewalttätiges Handeln und in denen die Emanzipation, Autonomie und Entfaltungsmöglichkeiten des Subjekts im Vordergrund stehen und zugleich eine bleibende kritische Haltung gegenüber der Umwelt und den sozialen Gegebenheiten vorherrscht. Selbstbestimmung, Mitgestaltung, Teilhabe, Anrechte aller Mitbürger: Das ist vernünftig. Karl Popper setzt hier Offenheit und Vernunft gleich, wenn er sagt, dass man »Vernunft am besten als Offenheit für Kritik interpretieren kann, als Bereitschaft, sich kritisieren zu lassen, und als den Wunsch, sich selbst zu kritisieren«. Dies ist vielleicht das allgemeine Postulat für Offenheit. Am Übergang von der einen in die andere Gesellschaftsform kann auch Folgendes passieren: Wenn wir uns nämlich den Erkenntnissen im Zeitalter des Menschen verweigern, bereiten wir gerade jene Nebenwirkungen weiter vor, die wir vorgeben verhindern zu wollen. Es entstehen schnell phantomartige Erwartungshaltungen, die niemand mehr erfüllen kann. Der Übergang, welcher dann wie ein Kollaps erscheint, ist kein Defizit, sondern eine ursprüngliche Eigenschaft unseres Zusammenlebens.

Stabilität, Ruhe, Sicherheit, Wahrung des Status quo sind in geschlossenen Gesellschaften wichtiger als kritische Auseinandersetzungen, der Kampf gegen Tyrannei sowie die Forderung nach wechselseitiger Toleranz sicherlich nicht. Aber das ist wohl alles noch viel zu allgemein und unspezifisch, um sich für eine Offene Gesellschaft hinreichend zu qualifizieren. Es kommen weitere Elemente dazu. Wir wollen im Folgenden scheitern können, um besser werden zu können. Karl Popper hat das die »aktive Teilnahme an der Elimination« genannt. Wir sind also an Lösungen für nichtgelöste Probleme interessiert. Denn eigentlich will jeder irgendwie Offenheit, es ist ein stillschweigend anerkanntes gesellschaftliches Desiderat. Was das alles aber genau heißt, ist nicht immer deutlich. Das nächste Kapitel soll dies weiter klären.

4

Die Offene Gesellschaft im 21. Jahrhundert

Im Folgenden gilt es zu klären, was Karl Popper wirklich gemeint hat, als er von der Offenen Gesellschaft sprach, und wie sich diese Agenda nun ins 21. Jahrhundert übersetzen lässt. Also, wie sieht ein möglicher Katalog für offene gesellschaftliche Verhältnisse aus? Was sind die Bausteine, welche uns in einer nichtlinearen, chaotischen und komplexen Welt Handlungsanweisungen, Risikomanagement und Verhaltensregeln an die Hand geben, die als rational gelten und dabei unser Zusammenleben organisieren und dann als offen gelten können?[65] Die Offene Gesellschaft ist ein politisches, aber kein tages- oder parteipolitisches Programm der Freiheit. Deren Inhalte sind dann vor allem folgende:

4.1 Der unveräußerliche Sixpack

Es gibt bei Karl Popper einen unveräußerlichen Sixpack. Geben wir diesen auf, gefährden wir die Ordnung der Freiheit bzw. laufen Gefahr, geschlossene Verhältnisse zu provozieren. Hierzu zählen die besondere Bedeutung von Kritik und Freiheit; dann Institutionen, also Anrechte und Regeln; das Kriterium der Abwählbarkeit von Mandatsträgern und der offene Marktprozess; viertens ein besonderes

Set an bürgerlichen Tugenden, welche uns den Zusammenhalt gewährleisten; die Sozialtechnik der kleinen Schritte gegen den Anspruch auf Verallgemeinerbarkeit; und schließlich sechstens der negative Utilitarismus und seine zwei Formen der Ungleichheit. Das heißt nun gleich an dieser Stelle für alle Freunde der Offenen Gesellschaft im 21. Jahrhundert, Freiheit ist in erster Linie nicht negativ bestimmt, sondern positiv. Sie steht *für* etwas und ist nicht nur eine Befreiung *von* etwas. Was das alles bei Karl Popper bedeutet, wird im Folgenden deutlich. Noch deutlicher sollte allerdings von Anfang an sein, dass der Sixpack nur im Ganzen zu haben ist und nur im Ganzen eine Offene Gesellschaft ermöglichen kann. Verzichten wir auf das eine oder andere Kriterium, weil es in seinen Konsequenzen vielleicht als zu radikal oder unpassend empfunden wird, verzichten wir auf ein selbstbestimmtes und autonomes Leben in Freiheit. Wir sollten dann nicht von einer Offenen Gesellschaft sprechen.

4.2 Der autonome Mensch: Kritik, Freiheit und Ordnung

»Offen« heißt in unserem Zusammenhang nicht nur nichttotalitär. Das wäre auch zu wenig. Offene Gesellschaften sind auch dann unvollständig benannt, fast überflüssig, wenn sie mit Begriffen wie Rechtsstaat, Demokratie und Markt gleichgesetzt werden. Das ist alles nicht falsch, aber sicherlich unvollständig. Auch Begriffe und Vorstellungen wie »frei«, »modern«, »industriell« oder »tolerant« sind wenig hilfreich, auch wenn es Überschneidungen gibt. Überhaupt sind solche Ersatzformulierungen eher hinderlich, als dass sie die spezifischen Bedeutungen der Offenen Gesellschaft weiter klären helfen.[66]
   Der allgemeine Interpretationsschlüssel für eine Offene Gesellschaft folgt, wie bereits erwähnt, dem des kritischen Rationalismus. Es ist keine empirisch logische Untersuchung, keine historische Ana-

lyse, kein dialektisches Vorgehen oder eine empirische Studie.[67] Das bedeutet, dass wir Entwicklungen wie Digitalisierung, Umweltbelastungen, Vernetzungsgrad, Globalisierung, Migrationsströme, asymmetrische Kriege, die Ergebnisse des interdisziplinären Wissenschaftsbetriebs, multiple religiöse Identitäten, sozioökonomische Teilhabe hier und jetzt, aber auch über die Generationen hinweg mit in den Diskurs um gesellschaftliche Offenheit hineinnehmen müssen. Denn es gilt: Alles, was wir nicht ansprechen und kritisch diskutieren, kann auch nicht bewusst verändert und konstruktiv gelöst werden. Das ist anstrengend, aber unerlässlich. Denn nicht Menschen, sondern Ideen, Theorien und Modelle sollten sterben, damit wir in einer freiheitlichen Ordnung leben können.

Die Elemente einer Offenen Gesellschaft sind dabei nicht nur deskriptiv, indem sie die Wirklichkeit beschreiben, sondern haben immer auch einen normativen Kern. Sie sagen uns dann, was geht und was nicht geht, was gut und besser und was weniger gut und schlecht ist, also das, was sein soll. Es geht folglich um Empowerment für mehr Offenheit.

Der Einzelne ist dabei das wichtigste, aber zugleich auch das schwächste Glied in der Kette. »Es geht darum, Kritik als Beschaffenheit, sich kritisieren zu lassen, und als den Wunsch, sich selbst zu kritisieren«, zu verstehen, schreibt Karl Popper. Nicht mehr, aber auch nicht weniger. Das klingt dann fast philosophisch: Kritik ist eine Bedingung der Möglichkeit von Freiheit.

Dennoch ist das Problem vielschichtiger, als es auf den ersten Blick aussieht. Im Anthropozän gibt es keine wirkliche Trennlinie mehr zwischen einzelnen Personen und dem Ganzen, dem Kollektiv, der Gesellschaft oder auch der Natur. In früheren Zeiten, als die Welt noch »leer« war und wir nicht den gegenwärtigen Vernetzungs-, Beschleunigungs- und Verdichtungsprozessen ausgesetzt waren, konnten wir uns den Luxus leisten, zwischen beiden Ebenen zu unterscheiden.[68] Aber wir leben jetzt nicht mehr in einer »leeren«, sondern in einer »vollen Welt«, wie Herman Daly sagt.[69] Hier wird alles, was ist, potenziert: von Artenschwund und viralen Ansteckungseffekten, Bevölkerungsentwicklung und Bodennutzung über Fleischkonsum und Fernreisen, Materialverbrauch und Mobilität bis hin zu Zuwanderungen und sozialen und ökologischen Zielkonflikten. Wenn man beispielsweise mit dem Generalsekretär der UN spricht, ist das dann eine individuelle Angelegenheit, oder hat dies auch kollektive Auswirkungen? Wenn ein Grundlagenforscher im Bereich der Molekularbiologie den Nachweis erbringt, dass die Reaktionsfähigkeit des *Nucleus accumbens* zellbiologisch über künstliche Genmodifikation (CRISPR Cas9) verändert werden kann und in der Folge dann Suchterkrankungen nicht mehr auftreten können, ist das dann ein individueller Vorgang oder ein gesellschaftliches Ereignis? Wenn ein Beratungs- und Forscherteam mit führenden Zentralbankern dazu beiträgt, dass das geldpolitische Mandat erweitert wird und die Zentralbanken nun in der Folge über Parallelwährungen zielgenauer zusätzliche Liquidität schaffen, ist das dann Mikro oder Makro? Es ist, bei Licht besehen, immer beides. Das trifft nun auch auf den einfachen Konsumenten zu. Bekanntlich ist die Hälfte des Nachhaltigkeitspfades, und dies meint vor allem Mobilität, Fleischkonsum, Wasser-, Energieverbrauch und haushaltsnahe Geräte, durch Verhaltensänderungen unmittelbar korrigierbar. Auch hier gilt. Es ist immer beides: Mikro und Makro, individuell und kollektiv. So entsteht schnell eine »Paradoxie der Autonomie«: Die Wahrnehmung eines autonomen und selbstbestimmten Subjekts ist dann, bei Licht besehen, immer schon Resultat einer interpersonellen Erziehungspraxis, einer sozioökonomischen Schicht, in welche man hineingeboren wird, kultureller und kollektiver Werte, Normen und Kodices. Alle zusammen führen dann zu dem Kurzschluss, dass man seine eigenen und individuellen Ziele mit größtmöglicher Freiheit verfolgen solle. Es ist wie eine ständige Kreisbewegung zwischen autonomem Willensakt und deren Kontextbedingungen. Sinnvoll unterbrochen wird dies nur durch den kritischen Verstand und nicht mit ständigem Pochen auf Autonomie (die es so gar nicht gibt) und auch nicht im Verweis auf die äußeren Umstände (die man immer ändern kann).

Wo ist also der Punkt, an dem das Singuläre und Individuelle aufhört und das Allgemeine und Kollektive beginnt? Oder anders: Wie viel Sandkörner machen einen Sandhaufen?, frägt Eubulidis von Millet im vierten vorchristlichen Jahrhundert. In einer Offenen Gesellschaft ist nicht alles nur individuell und personalisiert. Der Satz: »There is no such thing as a society«, welcher der britischen Premierministerin Margret Thather zugesprochen wird, lässt sich hier umkehren: »There is no such thing as singular Individualism«. Wenn es nur singuläre Identitäten gäbe, wäre jede Analyse des gesellschaftlichen Zusammenlebens letztlich unmöglich. Ungerechtigkeiten, Schichtzugehörigkeiten, nachhaltige Lebensstile lassen sich nur auswerten, wenn es so etwas wie ein geregeltes Zusammenleben oberhalb von Einzelwesen gibt.

Noch etwas: Eine Offene Gesellschaft ist unfertig, immer. Das ist ihre Stärke und Schwäche zugleich; ihre Stärke, weil sie anpassungsfähig und fehlerfreundlich ist; ihre Schwäche, weil die Offene Gesellschaft verletzbar und anstrengender für ihre Mitglieder ist. Und sie lebt von Voraussetzungen, welche sie selbst nicht begründen kann. Das heißt wiederum, Freiheit, Kritik und Ordnung lassen sich nicht über einen philosophischen Diskurs begründungstheoretisch erschließen und auch nicht durch einen religiösen Akt beschließen. Für Freiheit, Kritik und Ordnung muss man sich einfach entscheiden. Gemeint ist damit ein Gesellschaftsvertrag, welchem die Mitglieder einer Offenen Gesellschaft zustimmen. Jener wird dabei nicht durch die Vergangenheit, ein allgemeines Gesetz der Geschichte, nicht durch eine Utopie oder eine transzendente Autorität begründet. Das Gegenteil ist richtig: Die Offene Gesellschaft ist selbsttragend, autopoietisch, selbst gemacht und immer eine Antwort auf die Zukunft, wie schon bemerkt wurde. Es ist ein bisschen so wie bei einer Hausordnung. Jene sagt uns, wann die Musik leiser gestellt werden muss, wann der Müll vor die Türe gestellt wird und wann das Licht ausgeht, aber sie sagt uns weniger, wie wir miteinander umgehen, wie wir die Party feiern. Im Kern beschreibt die Offene Gesellschaft folglich ein Vorhaben, bei welchem es um die Frage geht: Wie lässt sich ein gesellschaftliches Zusammenleben organisieren, welches für alle Mitglieder ein Maximum an Freiheitsgraden verspricht?

Wenn wir uns für offene gesellschaftliche Verhältnisse entscheiden, heißt dies dann auch, dass wir uns eingestehen, wenig zu wissen. Wir gestehen uns unsere eigene Ignoranz und Unvollständigkeit ein. Wir gestehen uns ein, dass wir immer perspektivisch denken und entscheiden und deshalb fehlerfreundliche, revisionsoffene und fallible Verfahren brauchen; dies vor allem dann, wenn die Fragen größer und bedeutsamer werden und die Antworten dagegen dünner, einfallsärmer, lösungsferner und immer häufiger symbolträchtig ausfallen.

Allgemein kann man wohl sagen, dass offene Verhältnisse für Neugierverhalten, Entdeckerdrang, Interesse an Neuem und Anderem stehen. Aber das ist freilich zu unspezifisch und viel zu wenig. Offenheit steht hier auch für einen Diskurs über Tabus und unausgesprochene Wahrheiten und über das, was man eine *hidden agenda* einer Gesellschaft nennt.[70] Das tut nicht selten weh, gehört aber auch mit in den Klärungs- und Reinigungsprozess offener Verhältnisse. Vieles, wenn nicht gar fast alles wird jetzt zu einer Frage des Abwägens, des Zweifelns und der revisionsoffenen politischen Urteilskraft.

Denn wer etwas gesagt hat, hat noch nicht zwangsläufig zugehört, und der, der zugehört hat, noch nicht automatisch verstanden; der, der verstanden hat, hat noch nicht sein Einverständnis gegeben, und wer sein Einverständnis gibt, hat noch nicht zwangsläufig überzeugt und schlussendlich auch noch nicht faktisch gehandelt. Will heißen: Gespräche können schiefgehen, keine Gespräche zu führen dagegen geht immer schief. Popper ist eben ein Dezisionist. Es geht ihm nicht um Willkür, Zufall oder um die Suche nach historischen Gesetzen, festgelegten oder organisch gegebenen Pfaden, sondern um eine Position, die jedem Menschen die Fähigkeit zuspricht, autonome Entscheidungen zu treffen. Und es ist die Summe dieser vielen koordinierten Einzelentscheidungen, welche dann eine solche freiheitliche, kritisch legitimierte gesellschaftliche Ordnung ausmacht.[71]

Es geht also um den Zusammenhang von Kritik und Freiheit.[72] Ein Mensch und eine Gesellschaft, die sich fest vorgenommen haben, ihrem Zusammenleben und der sozialen, ökologischen und gesellschaftlichen Wirklichkeit gegenüber kritisch zu sein, und dies auch dauerhaft bleiben wollen, können dies letztlich nur tun, wenn sie auch der eigenen Position und den eigenen Entscheidungen gegenüber immer wieder Vorbehalte äußert, skeptisch sind und eben kritisch bleiben. Kritik ist bei Karl Popper daher immer selbstbezüglich. Und dies heißt nichts anderes, als dass sich nun die Vernunft mit sich selbst auseinandersetzt. Das klingt vielleicht trivial, wird aber häufig falsch verstanden.

Kritisch-rational heißt in diesem Zusammenhang dann mindestens dreierlei: *erstens* kritisch zu sein gegenüber dem eigenen Schlussfolgern. Wir wissen eigentlich immer viel zu wenig, als dass wir es uns leisten könnten, auf diese Instanz zu verzichten. Es ist vor allem die psychologische Forschung der letzten 50 Jahre, welche dies immer wieder bestätigt hat: Wir sind alle systematisch irrational und merken es nicht.[73] Das bloße Evidenzerlebnis von Wohl, Glück und Konsens reicht leider nicht aus. Immer entstehen Folgeeffekte und unvorhersehbare Rückkopplungen, auf die wir gefasst sein müssen.[74] Dann beziehen sich Kritik und Freiheit *zweitens* auf die gesellschaftliche Umsetzung von Vorschlägen und rechtlichen Einlassungen. Graduelles, vorsichtiges, reformatorisches, eben kritisches Vorgehen ist gefordert. Alles steht unter dem Vorbehalt der Korrektur. Rein arithmetische Mehrheitsverhältnisse garantieren keine Offenheit. Und *drittens* zwingt jede unvollständige Erfahrungsbasis immer zu Aussagen, welche unter dem Vorbehalt der Revision getroffen werden müssen. Kritik in einer Offenen Gesellschaft ist niemals total und abstrakt, sondern immer konkret und perspektivisch. So geht es etwa nicht darum, den Markt oder den Staat abstrakt infrage zu stellen, sondern viel eher darum, bestimmte Regeln und Gesetze, konkrete Auswirkungen und Folgeeffekte zu kritisieren. Jede kritische Auseinandersetzung, die den Anspruch hat, gesellschaftlich relevant zu sein, folgt diesen drei Dimensionen der Selbstbeschränkungen des Kritischen: Selbstanwendung, Implementierungsproblem von Theorie zu Praxis und unvollständige empirische Basis.[75]

So täuscht uns beispielsweise die globale Vernetzung von Handels- und Warenströmen eine Diversifikation vor, die es empirisch so gar nicht gibt, etwa beim Rückgang der Sorten und Artenvielfalt bei Kulturpflanzen um 95 Prozent seit 100 Jahren. Wir sehen zwar in unseren Kaufregalen mehr exotische Früchte, aber dafür nimmt die regionale Vielfalt dramatisch ab. Ähnliche Effekte gibt es etwa bei lokalen Frischgetränken oder bei den marinen Fischbeständen oder den Getreidesorten. Wir nehmen diese Entwicklung als normal, selbstverständlich wahr, ohne dass wir uns ändern. Unser Bewusstsein passt sich an. Alles stimmt. Falsch! Die Baseline, der Referenzwert hat sich eben verschoben. *Shifting baseline* ist eine Form der kollektiven Selbsttäuschung oder des kollektiven Missverständnisses: ein schleichender Prozess also, der zu einer kollektiven Anpassung an eine neue Normalität führt, die so eigentlich niemand will. Das ist das Thema der Offenen Gesellschaft. Harmonie, Konsens, Übereinstimmung reichen nicht aus, um in offenen gesellschaftlichen Verhältnissen langfristig leben zu können.[76] Hinzu kommt, dass wir uns in der Bewertung politischer, sozialer und ökologischer Vorgänge stark an anderen orientieren. Auch dies geht nicht immer gut. Die Realität definiert sich gewissermaßen an der Ausrichtung, wie andere Menschen im nahen und virtuell-digitalen Umfeld reagieren. Und je unsicherer die Situation ist, desto stärker verhält sich der Einzelne konform mit der unmittelbaren Peergroup, mit der er gerade in Verbindung steht. Solche kollektiven Selbstverstärker bestätigen zwar, dass wir alle das Gleiche tun, aber es ist dann möglicherweise dennoch falsch. Unter Unsicherheit tendieren wir Menschen eben zum Konformismus, das heißt zur Anpassung an das gerade vorliegende Gruppenverhalten. Wenn wir uns beispielsweise in einer unübersichtlichen und komplexen Situation befinden und die Menschen um uns herum alle im Kreis gehen, gehen wir auch im Kreis, auch wenn es rationaler wäre, geradeaus zu gehen.[77] Zudem neigen wir unter Unsicherheit dazu, Extreme zu meiden, auch wenn sie vielleicht jetzt angebracht und richtig wären. Solche Effekte lassen sich noch weiter verstärken: Es ist die Suche nach Zugehörigkeit, sogenannten In-Group-Erlebnissen, das heißt die negative Abgrenzung nach außen und der Wunsch nach Übersichtlichkeit und Kontrolle in einer komplexen Welt, welche uns immer wieder zu konformen Wesen werden lassen. Noch schlimmer: Unter öffentlicher, auch medialer und digitaler Beobachtung nimmt dieser Konformitätsdruck noch weiter zu. Durch die gegenseitigen Abwertungen werden zwar die eigenen Identitäten stärker, aber die Probleme auch. Konformismus heißt, dass wir alle eher die Neigung zum Nachmachen als zum Vormachen haben. In der Offenen Gesellschaft brauchen wir vor allem Vormacher.

Der kritische Verstand im Einzelnen wie auch seine gesellschaftlichen Formen helfen uns, dass wir solche Verstärkereffekte und ungewollten Anpassungen nicht ungefragt übernehmen. Hier hilft nur die kritische Widerlegung durch einen öffentlichen Diskurs, durch wissenschaftliche Evidenz und der ständige Einsatz des kritischen Verstands weiter. Unter Unsicherheit geht die Gewissheit der Erklärung der Welt zumindest in Teilen verloren. An die Stelle von kausalen Beziehungen und festgelegten, determinierten Geschichtsverläufen treten eine ergebnisoffene Interpretation, ein ständiges Ringen um bessere Problemlösungen und die Suche nach Wechselwirkungen.

Eigentlich müssten wir uns nicht nur die Wahrheit sagen, dass wir viel zu wenig wissen, sondern dass auch unsere Interpretation der Informationen, welche wir haben, imperfekt, unvollständig und verzerrt ist. Wir haben bei diesem ganzen Vorgang viel weniger unter Kontrolle, als wir uns ständig öffentlich eingestehen wollen. Dem kann man nur aus dem Weg gehen, wenn man auf Dauer das innere Bild, das man von der äußeren Realität und von sich selbst hat, anpasst. Gelingt dies nicht, entsteht eine kognitive Dissonanz zwischen innen und außen. Das hält auf Dauer kein Mensch aus. Die Folge ist dann, dass wir uns ständig Geschichten erzählen, die vermeintlich die Realität abbilden, und uns damit gegenseitig beruhigen. Das Märchen von endlosem, expansivem ökonomischen Wachstum etwa oder jenes von den unendlichen technologischen Erfindungen und der Unausweichlichkeit ihrer Umsetzung oder auch die Mär von der Unmöglichkeit der Korrektur des Geld- und Finanzsystems, von der vermeintlichen Überkomplexität politischer Entscheidungen und Konstellationen oder von der Unkorrigierbarkeit interreligiöser Feindseligkeiten gehören sicherlich alle hierher. Solche Geschichten führen zu einer Beruhigung des kollektiven Geistes, lösen aber keines der Probleme. Ein wahrhaft kritischer Verstand im Sinne Karl Poppers dagegen kann das.

Kritisches Denken bleibt aber nicht beim Privaten und Persönlichen stehen, sondern hat immer auch eine soziale Dimension: Es geht wohl niemals darum, dass wir zu 100 Prozent sicher sein können, wie die Welt funktioniert, was eine Gesellschaft zusammenhält und wie wir Kategorien wie Gerechtigkeit und Nachhaltigkeit umsetzen, sondern es gilt vielmehr das Umgekehrte: »Was passiert, wenn wir uns irren? Welche Folgen, Schäden und Konsequenzen hat es, wenn wir falschliegen und keine Vorsichtsmaßnahmen, etwa gegen die globale Erwärmung und den Verlust an Biodiversität oder gegen absolute Armut, verfehlte Bildungschancen oder Zugangsbedingungen zu einem Gesundheitssystem, ergriffen haben? Was wäre, wenn wir uns nicht für soziale Mindeststandards und ein Leben in Ehrfurcht, Demut und Achtsamkeit entscheiden?«

Für alle, die noch nicht hinreichend beunruhigt sind, hier nochmals: Um das Pariser Klimaabkommen zu erfüllen, müssen wir als globale Gemeinschaft die CO_2-Belastung bis in das Jahr 2050 um mindestens 50 Prozent senken und die weitere Landnahme durch Straßenbau, Industrie und Wohnraumnutzung auf null senken. Wenn wir mit einer 90-prozentigen Wahrscheinlichkeit das Zwei-Grad-Ziel in der Erderhitzung erreichen wollen, dann müssten wir heute mit dem weltweiten Kohleausstieg beginnen. Die dazu notwendigen Technologien gibt es zwar im Reagenzglas, aber sie sind nicht marktfähig und noch weniger auf absehbare Zeit weltweit skalierbar. Man benötigt eine gewisse intellektuelle Trägheit, diesen Zusammenhang völlig zu übersehen. Zumindest aber müssten wir uns diese »Wohlstandslüge« eingestehen, aber auch das gelingt uns nicht.

Wenn wir jetzt noch in Rechnung stellen, dass sich die globale Mittelschicht in den nächsten 20 Jahren um den Faktor drei erhöhen wird, nämlich von derzeit 1,8 auf 4,9 Milliarden Menschen, und die globale Wirtschaft gleichzeitig weiterhin exponenti ell wächst, so kann dies alles ein etwas klar und kritisch denkendes Gemüt beunruhigen.[78] Ich kann beim besten Willen nicht sehen, wie dies alles in geschlossenen gesellschaftlichen Verhältnissen korrigierbar sein soll. Wenn unsere Gesellschaft eine Einzelperson wäre, müssten wir jetzt einen Arzt und Psychiater rufen, um diesen Zustand zu beenden.

4.3 Institutionen: Von Regeln und Anrechten

Es ist kein Fehler, Fehler zu machen. Aber es bleibt einer, wenn es uns nicht gelingt, aus Fehlern zu lernen und gesellschaftliche Vorkehrungen zu treffen, damit Fehler uns einen Erkenntnisfortschritt und eine Weiterentwicklung ermöglichen. Dazu benötigt man nach Karl Popper Institutionen.

Institutionen meinen hier keine Gebäude oder Denkmäler, sondern Regeln, reziproke Pflichten und Anrechte, vertragliche Absprachen, Gesetze, funktionelle Hierarchien, Checks and Balances, selektive Kompetenzen und formale Zuständigkeiten. Institutionen sind positive Anrechte und negative Pflichten, durchsetzbare Haftungsansprüche und geregelte private und öffentliche Eigentumsverhältnisse. Es sind Formen des positiven Rechts, wie wir es vom Straf- und Zivilrecht oder auch im Grundgesetzkatalog kennen. Offene kritische Institutionen sind immer gewaltenteilig und nie rechtsfolgenlos. Sie sind nicht nur eine Voraussetzung gegen Anarchien und geschlossene Verhältnisse, sondern zugleich auch eine Voraussetzung für gesellschaftliche Offenheit und damit für die Zukunft. Denn es gilt: Liberale Werte in Offenen Gesellschaften sind wertlos, wenn wir sie nicht militärisch und rechtsstaatlich verteidigen und einklagen können. Wir werden sogar noch weitergehen müssen und selbst die Natur als ein Subjekt des Rechts ansehen und nicht als ein Objekt der Ausbeutung für die kurzfristige Befriedigung von wenigen.[79] Um sich in der Offenen Gesellschaft eine gewisse intellektuelle Unabhängigkeit zu bewahren, benötigt man nicht nur individuelle Zivilcourage und politische Urteilskraft, sondern eben auch den Glauben, dass Institutionen hinreichend stark sind, um jene Vielfalt auch umzusetzen und zu garantieren. Es sind ordnungsrechtliche Abwägungsspielräume und Verfahrensregeln, welche garantieren, dass wir kollidierende und gegensätzliche Freiheitssphären immer wieder aufs Neue aushandeln können. Dazu gehört beispielsweise die

Offenlegung von komplexen Unternehmensbeteiligungen genauso wie die Klärung, in welchem Umfang wir Güter und Dienstleistungen privatisieren, etwa wenn es um Pensionsansprüche, Krankenversicherungen und den Schutz vor Armut geht.[80]

Die Offene Gesellschaft reklamiert für sich, Überschriften zu formulieren, unter denen sich verschiedene Interessenvertretungen wiederfinden können. Wie viel Partizipation, wie viel Plebiszit und wie viel Repräsentation dann in der Verfassungswirklichkeit einer Offenen Gesellschaft ankommt, entscheidet sich dann vor Ort. Dort, wo es keine Gegensätze, Antinomien und geregelte Konflikte gibt, liegen wohl auch keine Offenen Gesellschaften mehr vor. Gegensätze zerreißen eine Offene Gesellschaft nicht, sondern fordern ihre Mitglieder zu größerer reziproker Toleranz auf, zu Offenheit eben. Diese Form von Heterogenität ist ein Kernstück der Bürgergesellschaft, der Ort nämlich, an dem Vielfalt und Identität zusammenkommen, schreibt der Soziologe Ralf Dahrendorf, der selbst das Modell von Karl Popper weitergedacht hat. Man sucht hier vergeblich nach einer »unsichtbaren Hand«, einem automatischen Selbstregulierungsmechanismus, einer transzendenten Kraft oder einem weisen Herrscher, der unser Zusammenleben richtet. Stattdessen trifft man ständig auf soziale und ethnische Pluralitäten, die es zu erhalten und zugleich auszuhalten gilt.[81] Das klingt zugegebenermaßen alles auf den ersten Blick relativ langweilig. Dennoch trägt es eine immense Sprengkraft in sich, wenn man sein gesellschaftspolitisches Potenzial deutlich machen kann. Karl Popper geht es an dieser Stelle darum, dass wir nicht den Fehler begehen sollten, einzelne Wirklichkeitsbereiche gegeneinander auszuspielen oder aufzulösen. Lassen sich etwa biologische Zusammenhänge vollständig auf sozialwissenschaftliche Programme reduzieren? Oder lassen sich der Geist, das Denken und Wahrnehmen völlig als genetisches Programm oder als ein Ergebnis der Sozialisation erklären? Man kann mit Karl Popper vorsichtig »Nein« sagen. Kritisches Denken sucht vielmehr nach Wechselwirkungen, Verschränkungen und gegenseitigen Abhängigkeiten als nach letzten absoluten Kausalzusammenhängen.[82]

Zugegebenermaßen tragen wir alle die Neigung zur Vereinfachung in uns. Gleichzeitig werden wir aber damit leben müssen, dass Menschen andere Sexualpraktiken haben als wir, andere Kleider anziehen, eine andere Religion verfolgen, etwas anderes essen und schlicht ganz andere Dinge für wichtig einschätzen als jeder einzelne andere in einer Offenen Gesellschaft. Kritische Institutionen garantieren und verteidigen gerade Komplexität und jene Differenzierungsgrade. Wir verfügen als Menschheit global noch über ungefährt 5000 Kultur- und Sprachgemeinschaften, aber nur über 200 Staaten. Es sind nationalstaatliche Gebilde, welche jene ethnischen Differenzen garantieren sollen und nicht umgekehrt. Die folgende Grafik zeigt den Zusammenhang als sogenannten Trichtereffekt:

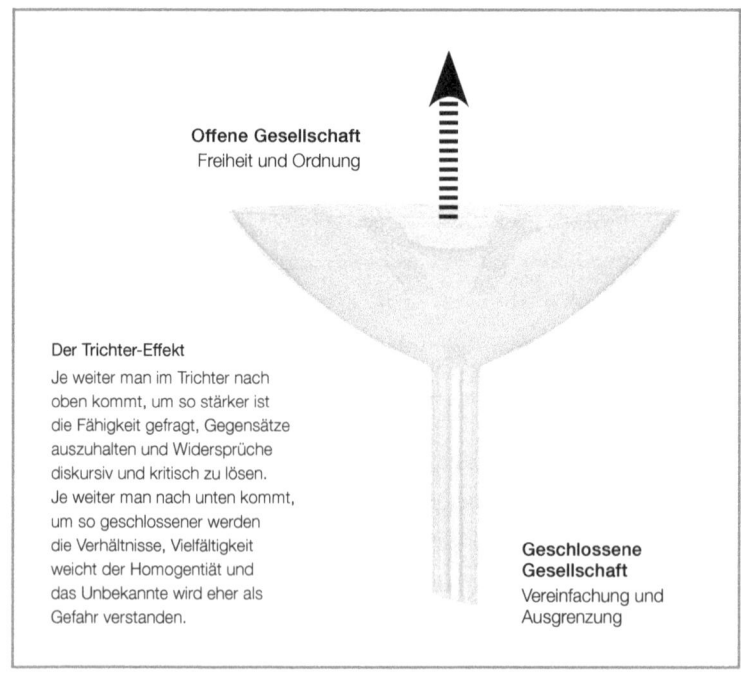

Offene Gesellschaft
Freiheit und Ordnung

Der Trichter-Effekt
Je weiter man im Trichter nach oben kommt, um so stärker ist die Fähigkeit gefragt, Gegensätze auszuhalten und Widersprüche diskursiv und kritisch zu lösen. Je weiter man nach unten kommt, um so geschlossener werden die Verhältnisse, Vielfältigkeit weicht der Homogentiät und das Unbekannte wird eher als Gefahr verstanden.

Geschlossene Gesellschaft
Vereinfachung und Ausgrenzung

Man kann hier von einem Trichtereffekt sprechen: Je weiter man im Trichter nach unten kommt, umso enger und homogener wird es. In geschlossenen Gesellschaften gehen solche Diskrepanzerfahrungen und Gegensatzbeziehungen zunehmend verloren. Das andere ist und bleibt fremd, aversiv, unverstanden, manchmal unästhetisch und beängstigend. In Offenen Gesellschaften ist das anders: Hier gilt es, solche Diskrepanzerfahrungen auszuhalten. Dies setzt psychologisch etwas voraus, das man Spannungs- und Ambivalenztoleranz, Willensbildung, personale Identität,[83] Autonomie und die Fähigkeit zur kritischen Selbstreflexion nennt. Es geht dabei um die Fähigkeit und die kulturelle Errungenschaft zum diskursiven Streiten. Und es geht darum, Meinungsverschiedenheiten sprachlich austragen zu können, ohne den Boden der Spielregeln kritischen Denkens und Sprechens zu verlassen und sich deshalb gleich hassen zu müssen. Hass ist keine Meinungsäußerung in einer Offenen Gesellschaft. Reduktionisten wollen gerade jene Komplexität, jene Differenzierungsgrade und Offenheit loswerden und an ihre Stelle ein allgemeines Prinzip setzen. Der Gegensatz zu »komplex« ist nicht »einfach«, sondern »reduktiv«. Denn es gilt immer noch: Alles wirklich Lebendige hat immer eine Beziehung zum Ganzen. Man kann es wohl auch so sagen: Die Feinde der Offenen Gesellschaft sind nicht die World AG oder die Arbeitnehmerverbände, der Vatikan oder die allgemeine Lehrmeinung, der Parteigenosse oder der Chef, der syrische Geflüchtete oder der Mitbewerber, sondern die Reduktionisten.

Die Offene Gesellschaft hat an dieser Stelle eine interessante und nicht zu übersehbare Beziehung zum Nationalstaat, ist jener wohl einer der eigenständigsten Beiträge der Europäer zur Weltgeschichte. Mit dem souveränen und säkularen Nationalstaat wird im Idealfall eine gesellschaftliche und politische Gliederungseinheit geschaffen, die verfassungsmäßig unterschiedliche Weltanschauungen, kulturelle Identitäten, Hautpigmentierungen, Religionszugehörigkeiten, Wirtschaftsstile und Bildungsprozesse garantieren soll. Sie vereint gerade

Vielfalt und Teilhabe, Rechte und Pflichten und ist nicht durch eine homogene Volkszugehörigkeit hinreichend beschrieben. Die Merkmale einer Offenen Gesellschaft stellen gewissermaßen die Binnenstruktur eines solchen souveränen Nationalstaates dar und sind nicht identisch mit Nationalismen.

Der Nationalstaat ist in diesem Sinn eine Abgrenzung zu den Spielarten eher geschlossener Vergesellschaftungsformen, wie wir sie etwa in Stamm, Gruppe, Klub oder Familie kennen, und garantiert dann Vielfalt. Er will Unterschiede und Kontraste bewusst beibehalten und lebt in seiner demokratischen Ausformulierung gerade von einer kritischen öffentlichen Auseinandersetzung und den geregelten Konflikten zwischen den Beteiligten. Wir kennen diese Auseinandersetzungen etwa zwischen Kirchen, dem Wissenschaftsbetrieb, Gewerkschaften, öffentlicher Verwaltung, Zentralbanken, Nichtregierungsorganisationen (NGOs), Medien, politischem Sektor und Markt, Haushalten und ihren unterschiedlichen privaten Lebensformen. Dass der Gedanke der Heterogenität, welche dem Nationalstaat zugrunde liegt, nicht immer gelungen ist, manchmal gar in sein Gegenteil verkehrt wird, wie etwa im Faschismus und Stalinismus des 20. Jahrhunderts oder in den neonationalistischen Strömungen im 21. Jahrhundert, spricht wohl nicht grundsätzlich gegen die Entwicklung zum Nationalstaat, sondern für seine Verwundbarkeit. Es gibt hier eine weitere Abgrenzung: derjenigen einer Offenen Gesellschaft gegenüber einer Weltregierung oder Global Governance. Der Kosmopolit ist nirgends zu Hause und entzieht sich gerade dadurch der Verbindlichkeit, welche wir benötigen, um offene gesellschaftliche Verhältnisse immer wieder aufs Neue herstellen und gewährleisten zu können. So heißt es: »A citizen of the world is a citizen of nowhere.« Für offene gesellschaftliche Verhältnisse wird es immer eine Dominanz des geografischen, ethnischen und emotionalen Nahraums geben. So darf eine lokale und regionale Agenda nicht gegen universelle Werte ausgespielt werden. Eine Weltregierung kann keine Steuern erheben, sie kann keine Tugenden wie Anstand, Verlässlichkeit, Demut oder Solidarität fordern, und sie kann keine globale Gerechtigkeit durchsetzen, weil es eine solche Weltregierung gar nicht gibt und auch auf absehbare Zeit nicht geben wird. Stattdessen gibt es Nationalstaaten, welche mehr oder weniger »offen« sind. Der Kosmopolit ist eine Denkfigur, die vielleicht deshalb so viele Anhänger hat, weil man sein Verhalten nicht wirklich ändern und sich nicht für eine Änderung des Systems einsetzen muss. Man spendet Geld an eine Hilfsorganisation und fährt Fahrrad und macht dann weiter so wie bisher. In offenen gesellschaftlichen Verhältnissen sollte das anders sein. In Anlehnung an den US-Senator Thomas O' Neill könnte man sagen: »All Politics in an Open Society is local.«

Es geht in der Offenen Gesellschaft eben um das »Bauen von Institutionen« und nicht um die Wiederherstellung von Urzuständen, endlose herrschaftsfreie Diskurse oder die Forderung nach einem einvernehmlichen Leben. Es sind Regeln, Gesetze und Institutionen, welche uns Vielfältigkeit und Freiheit garantieren. Dennoch gilt auch für Karl Popper, dass der Staat in einer Offenen Gesellschaft nicht neutral ist, sondern Formen des »guten Lebens« kennt.[84] Und es geht gerade darum, das Kulturspezifische und Besondere zugunsten einer übergeordneten verfassungsrechtlichen Klammer oder Gliederungseinheit zu transzendieren und nicht aufzuheben. Man könnte fast sagen, Institutionen in einer Offenen Gesellschaft sind kulturell verdichtete Strategien, um unter Unsicherheit, Ungewissheit und unvollständigem Informationsstand Probleme zu lösen. Ihnen kommt dabei eine wichtige Entlastungsfunktion zu.[85] Wir müssen dann jeden Fehler, den wir als Menschheit in der Vergangenheit gemacht haben, nicht gleich noch einmal machen; vor allem dann nicht, wenn es uns gelingt, die Bedingungen der Revision, der Elimination und der Korrektur mitzudenken. Kritische Institutionen erhöhen in diesem Sinne die Lernkurve Einzelner und ganzer Gesellschaften. Hinzu kommt, dass sie eine supportive Funktion haben, indem sie kollektive Aktivitäten koordinieren. Damit erschöpft sich die Bedeutung einer jeden Institution schon fast. Das ist bei einer Partei, dem Vatikan, dem Grundgesetz, einer Strafprozessordnung, einer Verkehrsregel oder einer Schulbehörde nicht grundlegend anders. Die richtigen Institutionen helfen uns gegen die Immunisierung von Kritik und sorgen für mehr Freiheit. Sie haben keinen weiterführenden Selbstzweck. Das sind zugegebenermaßen alles andere als Maximallösungen. Das ganze Vorgehen ist viel bescheidener. Für Karl Popper müssen Institutionen dabei noch mindestens zwei Merkmale haben. Sie müssen in einer schwächeren Form Kritik ermöglichen und in einer stärkeren Form die Bedingungen der Kritisierbarkeit, der Revision oder der Abwählbarkeit aufzeigen können. Für das Erste gilt, dass Menschen in einer Offenen Gesellschaft am gesellschaftlichen Leben teilhaben können müssen und ihre Stimme erheben können. Erst so entsteht ein geregelter Konflikt, und keiner darf dabei seine Position zum Dogma machen und so die Freiheit aller gefährden. Im zweiten Fall geht es vor allem um die Abwählbarkeit von politischen Mandatsträgern. Wir einigen uns auf Regeln und institutionelle Vorkehrungen, welche uns ein Maximum an Diskursen erlauben. Diskurse finden innerhalb von Regeln statt, nicht umgekehrt, aber Diskurse sind in Offenen Gesellschaften oft langwierig und kompromissbeladen. Institutionen im Sinne Karl Poppers sind eben nicht nur Foren und Assoziationen, welche die öffentliche Gesprächsbereitschaft ermöglichen, sondern sie müssen auch ein Vorgehen ermöglichen, die einen Abbruch im Diskurs erlauben, wenn etwa Freiheit und reziproke Kritik gefährdet sind. Politik ist an dieser Stelle niemals nur eine Unterwerfung unter das Faktische und Gegebene, sondern hat hier eine normative Schrittmacherfunktion. Sie sagt uns, was sein soll. Wenn sich dieses Verständnis von Kritik nicht ins Politische übersetzen lässt, dann ist sie eben nur halb gemacht.

So ist es nur folgerichtig, Demokratie und Rechtsstaatlichkeit in einer Offenen Gesellschaft als ein wechselseitiges Abhängigkeitsverhältnis zu verstehen. Der Ort, an welchem Offene Demokratien dann auf einen offenen Rechtsstaat treffen, ist jener, wo Mandatsträger auf Zeit gewählt werden und dann auch wieder in einem geregelten Verfahren ihren Platz räumen dürfen. Es ist aber auch jener öffentliche Raum, der Oppositionsarbeit und kritische Presse ermöglicht und an dem aus Minderheiten dann Mehrheiten werden können, Meinungs- und Versammlungsfreiheit, freie und gleiche Wahlen garantieren werden und zugleich dafür gesorgt wird, dass Gewaltenteilung, Machtkontrolle und Minderheitenschutz auch dann gewährleistet sind, wenn die Selbstbestimmung ihrer Mitglieder gerade jene individuellen Freiheitsrechte einschränken wollen. Erst so entsteht eine Offene Gesellschaft.

Nicht dass es ein für alle Mal klar wäre, wo beispielsweise das private Leben und die Souveränität der Person beginnen und das öffentliche Interesse endet, sondern dass es diese Grenze faktisch und gesellschaftlich gibt, macht den Unterschied zu geschlossenen Verhältnissen aus.[86]

Eine Gesellschaft, in der das »Anything goes« gilt, in der die Beliebigkeit des *laissez faire* und die »unsichtbare Hand« bestimmen, was gilt und was nicht, ist keine Offene Gesellschaft, ganz sicher nicht im Sinne Karl Poppers. Wahrscheinlich sind es eben Grade der Offenheit und Grade der Abgeschlossenheit, die Poppers Modell bestimmen und es gleichzeitig auch so voraussetzungsvoll machen. Positiv formuliert: Was läuft denn eigentlich alles richtig und gut in offenen Verhältnissen, gerade deshalb, weil sie offen sind? Katasteramt und Finanzbehörden, Einwohnermeldeämter und Autobahnen, Kanalisation und Katastrophenschutz, medizinische Versorgung und Erziehung, innere Sicherheit und Umweltschutz, Einkommensverteilung und Kindergartenplätze, Zulassungen zum Studium und Nahrungsmittel- und Energieversorgung, Gesetzgebungsverfahren und Regulierungsbehörden. Dies alles und noch viel mehr ist sicherlich immer verbesserungsfähig und unterliegt einer ständigen Korrektur und Anpassung. Dennoch sind sie alle Ausdruck und Ergebniss institutionell geregelter Konflikte. Es macht immer wieder Sinn, sich dies zu vergegenwärtigen, nicht um stehen zu bleiben, sondern um zu sehen, was wir alles schon erreicht haben und von wo aus wir uns weiterentwickeln können.

4.4 Abwählbarkeit: Versuch, Irrtum und der offene Marktprozess

Eine Offene Gesellschaft ist eine »Versuch-und-Irrtums-Gesellschaft«, in welcher wir uns auf Institutionen geeinigt haben, damit möglichst wenige Fehler passieren. Dies trifft im öffentlichen Raum vor allem auf zwei Bereiche zu: einmal in Bezug auf die Frage, wie wir mit demokratisch gewählten Mandatsträgern umgehen, zum anderen im Hinblick auf die Bedeutung der freien Marktwirtschaft.

Es gibt sicherlich viele Formen von Demokratien für unterschiedliche offene Gesellschaften. Aber der bloße Verweis, dass man in einer Demokratie lebt, heißt noch nicht, dass man bereits in einer Offenen Gesellschaft lebt. Zum Demokratieverständnis von Karl Popper gehört, dass es nicht nur darum geht, die Stimmen zu zählen, ohne dass dabei hinreichend die Inhalte und die Programme zum Tragen kommen. Es sind nicht die parlamentarischen Mehrheiten und exekutiven Einzelentscheidungen, die über den Grad der Offenheit bestimmen. Die Korrekturen finden vor allem in den öffentlichen Debatten, den Ergebnissen des Wissenschaftsbetriebs, einer unzensierten, nicht monopolisierten und freien Presse statt und auch dort, wo klar geschrieben steht, wie man jene, welche ein öffentliches Amt nicht hinreichend meistern können, wieder los wird.

In Anlehnung an den allgemeinen Gedanken, dass uns Kritik und Kritisierbarkeit weiter bringen als ständige Bestätigungen, Affirmationen und Verifikationen, gilt dies nun auch für den politischen Bereich. Eine sparsame und effektive Form, über Demokratie nachzudenken, heißt: »Wie lassen sich politische Machthaber und Mandatsträger effektiv kritisieren und gegebenenfalls wieder absetzen, ohne dass der Schaden zu groß ist?«

So entstehen gemäß Karl Popper nämlich aus falsch gestellten Fragen und den daraus entstehenden Antworten schnell Paradoxien der Souveränität und der politischen Macht: »Wer soll herrschen? Das Volk, der Beste, Weiseste, die Arbeit oder das Kapital?« Solche Fragen implizieren, dass, wenn es gelingen könnte, dass immer der Weiseste oder das beste Programm regiert, das Problem der politischen Macht gelöst sei. Aber auch der Tyrann, der Experte, der Kapitaleigner ist abhängig von seinen Untertanen, aufgeklärten Bürgern und Arbeitnehmern. Solche Paradoxien lassen sich nur dadurch lösen, dass man andere Fragen stellt: »Wie können wir politische Institutionen so organisieren, dass es schlechten, inkompetenten und tyrannischen Politikern unmöglich ist, allzu großen Schaden anzurichten?«, heißt es bei Karl Popper. Es geht also mehr um Formen der institutionellen Kritik und Kontrolle als um die Frage, wer die politische Arbeit macht.[87]

In einer Offenen Gesellschaft ist es folglich nicht so wichtig, wer an der Macht ist, sondern vielmehr was an der Macht ist, das heißt das Programm, für welches sich die Mitglieder entschieden haben. Manche Mandatsträger können ein solches Programm nun bekanntlich besser umsetzen als andere. Den besten, weisesten, klügsten Politiker gibt es nicht. Aber wir müssen wissen, wie wir diejenigen, die es nicht können, wieder los werden. Wer soll regieren? – ist also die falsche Frage. In einer Offenen Gesellschaft sind im Grunde genommen bis auf *einen* Akteur alle Teilnehmer des politischen Betriebes austauschbar: der Wähler und Bürger einer Offenen Gesellschaft. Unsere Gesellschaft, auch eine Offene Gesellschaft, ist niemals perfekt, weder seine Regeln noch die Menschen, die in ihr leben. Aber es ist besser, mit der Unvollständigkeit richtig umzugehen, als nach idealen Führern zu suchen.

Daraus folgt nun, dass, erst wenn wir im Vorhinein geklärt haben, in welchem Land und in welcher Gesellschaft wir leben wollen, die Personen wieder wichtig werden. Wir können nämlich von nun an die personelle Besetzung von politischen Mandaten sowie auch die Stellenbesetzungen im Management der Wirtschaft revidieren. Jeder Kandidat kann wiederum durch andere, welche sich im gleichen Prozedere des Wettbewerbs um das jeweilige Amt bemühen, schlicht ersetzt werden.[88] Man spricht in diesem Zusammenhang dann von einem sogenannten sozialen *tipping point*. Er ist dann erreicht, wenn kleine Veränderungen in der Umgebung zu großen Veränderungen im Verhalten von größeren Menschenmengen führen. Es sind dann Minderheiten, welche dafür sorgen, dass Mehrheitsmeinungen verändert und korrigiert werden und soziale Konventionen verändert werden. Das heißt, es sind nicht der Umfang an Wohlstand oder die gesellschaftliche Autorität, sondern eine kleine Gruppe von Menschen, welche sich unbelehrbar ein Ziel gesetzt haben, die dann den Unterschied machen können. Empirisch und experimentell liegen soziale *tipping points* bei einer Größenordnung von ungefähr 25 Prozent der Teilnehmer. In Offenen Gesellschaften sollten solche *tipping points* immer möglich sein.[89]

Eine der Konsequenzen ist, dass Politik innerhalb einer Offenen Gesellschaft nicht alles und schon gar keinen Dauerzustand darstellt, an welchem alle immer teilnehmen und sich einbringen müssen. Manchmal reichen auch 51 Prozent Übereinstimmung mit einer politischen Partei schon aus, um sich politisch zu engagieren. Vielleicht so: Fünf bis zehn Prozent sind politisch aktiv, indem sie der gegebenen Regierungspolitik zustimmen; andere fünf bis zehn Prozent der Bevölkerung sind politisch aktiv, indem sie die Regierungspolitik infrage stellen, und 80 bis 90 Prozent sind politisch passiv, aber gehen wählen. Vielleicht sind die empirischen Zahlen je nach Land auch etwas anders. Solange wir Kontrollmechanismen, Abwählbarkeiten, Formen der öffentlichen Kritik und Konfrontation kennen, ist das alles in Ordnung. Problematisch wird es erst, wenn diese Mechanismen ausgesetzt werden. In offenen gesellschaftlichen Verhältnissen werden wir lernen, dass sicherlich nicht alles politisch ist, aber alles Politische Auswirkungen auf unser Leben hat. Anders: Wir wissen, wann wir politisch werden müssen, und nicht jeder muss sich politisch engagieren. Aber wir wissen, dass fast alles durch Politik direkt oder indirekt betroffen ist.

Das bloße Aufaddieren von Einzelinteressen und Mehrheitsverhältnissen gehört somit nicht zum Demokratieverständnis einer Offenen Gesellschaft.[90] Das hat trotz viel diskutierter Mängel seinen Grund darin, dass sich der Autor der Offenen Gesellschaft in der bloßen Partizipation nicht automatisch gleich mehr Freiheit, mehr Rationalität oder gar eine bessere Politik verspricht. Demokratien sind eben ein Mittel und kein Selbstzweck der Meinungsäußerung, und der Zweck sind offene gesellschaftliche Verhältnisse. Absetzen und Mandatsverlust bzw. die »Drohung durch Entlassung« sind hier wichtiger. Wenn man der gängigen Unterscheidung zwischen Konkurrenz- und Konsensdemokratien folgt, so steht das Demokratieverständnis der Offenen Gesellschaft den Ersteren näher. Sie sind anpassungsfähiger, beweglicher und können sich auf neue Situationen schneller einstellen. Wir sollten von einer Demokratie eben nicht zu viel und vor allem nicht das Falsche erwarten. Hier zählen die Resultate, nicht das Ausmaß an Mitbestimmung, der Input ist weniger wichtig als der Output, Konkurrenz wichtiger als Konsens. Und Irrtümer gibt es immer, Irrtümer von Regierungen sicherlich auch. Aber wenigstens verhindert dieses Demokratieverständnis, dass man für immer damit leben muss. Dies sollte auch genügen. Es ist also eher eine schlanke Theorie der Demokratie. Anders formuliert: Die Offene Gesellschaft hat folglich ein subtiles Innenleben bekommen. Demokratien in einer Offenen Gesellschaft sind nicht nur ein formalisiertes Verfahren zur politischen Mehrheits- und Meinungsbildung, sondern immer auch ein Versprechen bezüglich der Anerkennung gerade jener Bausteine, welche sie selbst nicht hinreichend garantieren kann: Freiheit, Gemeinwohlorientierung und unverhandelbare Grundwerte. Die Vermutung ist nicht ganz abwegig, dass die Offene Gesellschaft mit dieser Minimalvariante eines demokratischen Gemeinwesens im globalen Wettstreit des 21. Jahrhunderts mit geschlossenen Verhältnissen eine größere Attraktivität für Unentschlossene und Wackelkandidaten hat als manch andere Staatsform.

Der zweite Beitrag, den Popper in diesem Zusammenhang leistet, ist sein Verständnis ökonomischer Vorgänge in offenen gesellschaftlichen Verhältnissen. Popper hat keine eigene Ökonomie geschrieben, aber er orientiert sich in seinen Aussagen an denen der Österreichischen Schule.[91] Für ihn sind Marktgleichgewichte keine Naturprodukte, sondern soziale Erfindungen und Konstruktionen, welche manchmal mit der Realität gar nichts zu tun haben. Aber es sind drei Aspekte, die bei Popper von Anfang an keine dominante Rolle spielen: einmal das expansive quantitative Wirtschaftswachstum zur Lösung von gesellschaftlichen Problemen, zweitens die systematische Umverteilung von Wohlstandsgewinnen zugunsten von sozialen und ökologischen Projekten. Und drittens spielt die Regulierung des Geld- und Finanzsystems mit seinen von der Realökonomie eigenständigen Akteuren ebenfalls keine Rolle. Alle drei kommen bei Popper schlicht nicht vor.[92] Anders formuliert: Umverteilung, Wachsen und regulierte Finanzmärkte garantieren nicht zwangsläufig Offenheit. Aber vielleicht geht es anders. Es heißt stattdessen bei Karl Popper nur ganz allgemein, »dass der Markt kontrolliert werden muss, zur Verhinderung der Tyrannei der Stärkeren gegenüber den Schwächeren«.

Ökonomische Entscheidungen müssen in einer Offenen Gesellschaft unter mindestens vier Kontingenzannahmen getroffen werden: Knappheit, Konkurrenz, Ungewissheit und autonome Selbstbestimmung. Ökonomisches Handeln ist dann rational, wenn es Probleme löst, nicht wenn es unseren Nutzen maximiert oder den allgemeinen materiellen Wohlstand steigert.[93] So versagen bekanntlich liberale Märkte empirisch regelmäßig bei Umweltthemen, öffentlichen Gütern und der Verteilungsfrage, und die Idee der ständigen Nutzenmaximierung ist zu flüchtig, als dass sie als generelle Maxime für menschliches Verhalten gelten sollte.[94] Vielleicht hilft an dieser Stelle die Unterscheidung von Effizienz und Effektivität weiter. Während es bei der Effizienz von Entscheidungen darum geht, Mittel optimal einzusetzen, geht es bei der Effektivität um die Erreichung eines bestimmten Zieles. Im Neoliberalismus kann man auch maximal effizient das Falsche verteilen und dann in der Folge auch bei den Zielen völlig danebenliegen. Statt um Nutzenmaximierung, Präferenzoptimierungen und Gleichgewichtsmodelle geht es um andere Prioritäten: die Verhinderung von marktförmigen Übertreibungen durch Spekulationen und die Schadensbegrenzung von Fehlinvestitionen durch fehlerfreundliche und revisionsoffene Regeln beispielsweise. Eine neoliberale, rein marktförmige Betrachtung ökonomischer Vorgänge ist ungeeignet, um offene marktförmige Verhältnisse zu beschreiben.[95] Übersetzt ins 21. Jahrhundert, beinhaltet ein offener marktförmiger Austauschprozess eine Neuorientierung unseres Wirtschaftens. Dies beinhaltet dann in der Folge neue und andere Rechts , Eigentums und Bilanzierungsformen und andere Handelsbeziehungen. So können etwa in Ergänzung zu transnationalen Unternehmen gemeinwohlorientierte Unternehmen wie Genossenschaften, mitarbeitergeführte Unternehmen und öffentliche Beteiligungsgesellschaften hinzutreten. An die Stelle des Shareholder-Values tritt der Stakeholder-Value. Hierher gehört auch die vielleicht noch viel wichtigere Frage: »Was ist öffentliches Gut, und was ist privates Gut? Was gehört uns allen, und was gehört nur mir?« Der öffentliche Raum war historisch zwar immer kollektiv und gemeinschaftlich organisiert. Im beginnenden 21. Jahrhundert wird er aber zu einem privaten Verkaufsladen von einigen wenigen globaler Technologieunternehmen. In einer eng gekoppelten, vernetzten und komplexen Welt könnten wir schnell zu dem kritischen Schluss kommen, dass Privatisierung, Liberalisierung und Deregulierung nicht die gesellschaftliche Offenheit bescheren, die wir haben wollten. Wir erkennen dann vielleicht, dass vieles von dem, was als privat gilt, einen öffentlichen und gemeinschaftlichen Charakter hat und nur hier hinreichend einlösbar ist. Biodiversität, absolute Armut, Erziehung, kollektive Gesundheitsvorsorge, Sicherheit und saubere Luft sind solche Beispiele.

Ökonomische Aktivitäten sind stattdessen ein Suchverhalten, gleichsam ein offener Suchalgorithmus, welcher nicht auf ein Gleichgewicht hin tendiert, sondern ein nach vorne hin offenes Geschehen darstellt. In einer Offenen Gesellschaft haben wohl viele Vorstellungen über Märkte und deren Regulierung ihren Platz, aber immer wird es darum gehen, dass sie Formen der Kooperation und des Vertrauens, der Regulierung und Kontrolle voraussetzen, um überhaupt effektiv und effizient sein zu können. Und damit sind wir bei ihren Tugenden.[96]

4.5 Bürgerliche Tugenden: Was verhindert und was verbindet

Die Offene Gesellschaft ist eine Bürgergesellschaft, keine Gesellschaft von Klassen. Aber was hält sie zusammen? In der Regel wird die Diskussion um das richtige Gemeinwesen in Verbindung mit spezifischen Tugenden und Werten gebracht. Auf der einen Seite stehen formale Anrechte wie Gerechtigkeit oder Gleichheit, auf der anderen Seite dann materielle Werte sowie der Streit um die Ansprüche eines gelungenen und »guten Lebens«. Es ist eine endlose und ermüdende Diskussion, die eigentlich nicht weiterführt und an die Links-rechts-Debatte erinnert. Für eine Offene Gesellschaft sind beide wichtig, aber anders.[97] Hier streiten wir um formale Anrechte wie den Zugang zu Bildung und Gesundheit, aber auch um inhaltlich ausgewiesene Werte und Tugenden wie etwa Solidarität und Verantwortung. Die Trennlinie liegt jedoch nicht zwischen formal und materiell, sondern viel eher gilt: »Welche formalen und welche materiellen Tugenden und Werte erlauben unter maximaler Revision und Korrektur für alle Beteiligten ein Maximum an personaler Freiheit?«

Ein Leben in einer Offenen Gesellschaft folgt keinem formalen Algorithmus, sondern stellt ein revisionsoffenes Modell dar, welches unter den Bedingungen praktischer Kritik ein freiheitlicheres Zusammenleben ermöglichen soll. Man sollte sich die Ausgangssituation nochmals klarmachen: Wir leben in einer unfertigen, ungewissen und voll vernetzten Welt, deren Kontrolle uns zumindest in Teilen entglitten ist und in der zugleich geoökologische Grenzen sichtbar werden. Hier gilt es nun einen Tugendkatalog aufzustellen, welcher gewährleistet, dass wir mit unbeabsichtigten Folgen, mit Fehlbarkeit und Dysfunktionalitäten hinreichend umgehen können. Wie sehen nun solche Tugenden in einer unvollkommenen Welt aus? Worauf muss man zählen können? Denn die letzte Sicherheit und Orientierungsgewissheit, welche uns Traditionen, Kulturen und lebensweltliche Zusammenhänge historisch vermittelt haben, gehen innerhalb einer Offenen Gesellschaft als sinn- und identitätsstiftende Instanz zumindest teilweise verloren.[98] Auch hier gilt, dass wir die Frage noch einmal anders formulieren müssen. Es gilt nämlich viel weniger: »Was hält eine Gesellschaft zusammen?« Die Frage der Freunde der Offenen Gesellschaft ist eher: »Welche bürgerlichen Tugenden sind wichtig, damit eine Gesellschaft nicht ausgrenzt, sondern Geschlossenheit verhindert und Freiheit, Selbstbestimmung und Revisionsfähigkeit ermöglicht?« Dann sieht der Katalog nämlich anders aus.[99]

Das muss man konkreter formulieren: Mitgliedern offener Verhältnisse wird die kritische Reflexionsleistung zugemutet, zwischen ihrer aktuellen, geschichtlichen und gesellschaftlichen Situation, welche immer partikular, historisch, geografisch und kulturell beschränkt ist, von sogenannten Standardbedingungen zu unterscheiden. Etwa: »Wie würden Menschen in offenen gesellschaftlichen Verhältnissen autonom und freiheitlich reagieren, wenn sie in einer vergleichbaren Situation wären?«[100] So ergeben sich auf eine Reihe von aktuellen Fragen auch klarere Antworten, etwa bei der Migration, bei Verteilungsfragen oder auch bei der Umsetzung von Umweltstandards, wie wir gleich sehen werden.

Ich hatte schon mehrfach darauf hingewiesen: Wir wissen einfach viel zu wenig, als dass wir uns mit Konsens, Harmonie, Übereinstimmung und dem Status quo einfach zufriedengeben dürfen. Die Verwendung der Kritik hat aber immer auch einen selbstbezüglichen Charakter.[101] Das heißt, Kritik hat keinen Selbstzweck, sondern ist immer auch mit ihren eigenen Folgen und Konsequenzen konfrontiert. Kurz: Wenn wir zu kritisch sind, gegen alles und jeden, wird kritisches Denken missbraucht.[102] Keiner liegt eben zu 100 Prozent falsch.[103] Aus dieser Geisteshaltung heraus ergeben sich eine Reihe von Tugenden, die gleichsam charakteristisch für die Mitglieder einer Offenen Gesellschaft im 21. Jahrhundert sind.

Man kann nämlich fragen: Warum sind die Widerlegung, der Versuch und Irrtum und das ständige Nachjustieren und Korrigieren durch eine kritische Öffentlichkeit, einen unabhängigen Wissenschaftsbetrieb und die Korrektur und Kritik durch die anderen bürgerliche Tugenden in offenen Verhältnissen so unentbehrlich? Warum ist die soziale Dimension der Falsifikation so wichtig? Einfach deshalb, weil uns das Gefühl richtig zu liegen täuschen kann, weil es katastrophale Folgen haben kann, wenn wir uns nur auf Bestätigung, Konsens und Zustimmung allein verlassen, und weil dies alles auch ohne Vorsatz und ohne Absicht passieren kann; bei jedem Einzelnen wie auch bei Gesellschaften.[104]

Neben diesem kritischen individuellen Bewusstsein gibt es eine zweite Ebene der Kritik – eine Kritik als Widerlegung oder Falsifikation im sozialen Umfeld. Hier geht es nicht mehr um die persönliche Einstellung und Befindlichkeit, sondern um die institutionalisierten Formen der Falsifikation. »Wie verhindern wir, dass wir als Gesellschaft Fehler machen? Was müssen wir tun, um aus Fehlern lernen zu können oder noch besser Regeln aufstellen zu können, die es uns erlauben, dass das Fehlermachen zu einer Erfolgsgeschichte wird?« In einer Offenen Gesellschaft sollen eben nicht mehr Menschen sterben, sondern Ideen, Modelle, Theorien und Einstellungen, welche an der Realität scheitern dürfen, ja müssen. »Wie wird Falsifikation nicht zu einem kollektiven Kränkungserlebnis, sondern zu einem Erfolgsprojekt und einem Erkenntnisgewinn?« Das sind Merkmale einer Offenen Gesellschaft. Vielleicht muss man hier manche Fragen auch unscharf formulieren, weil dies dem Gegenstand angemessener ist. Wir gestehen uns in offenen gesellschaftlichen Verhältnissen nicht nur ein, dass wir zu wenig wissen, sondern dass auch die Interpretation jenes begrenzten Wissens selbst unvollständig ist.[105] Eine solche kritische Einstellung verändert fast alles: Sie führt zu mehr Bescheidenheit, Demut, Achtsamkeit sowie zur Pflege von Fehlerfreundlichkeit. Resilienz- und Schutzfaktoren gehören sicherlich zum Tugendinventar, genauso wie etwa Solidarität, reziproke Toleranz, kooperatives Verhalten und intergenerationelle Verantwortung. Man kann hier einfach sagen: In einer Offenen Gesellschaft haben wir ein moralisches Verhältnis zur Zukunft entwickelt, statt ständig zwischen hysterischer Übertreibung und einer Verrohung des öffentlichen Diskurses hin- und herzupendeln. Dazu gehört etwa auch die Tugend, dass wir den anderen benötigen, um in einer besseren Welt leben zu können und der Wahrheit näher kommen zu können. So weit sollte klar geworden sein, dass es nicht um die Frage für oder gegen Solidarität, Verantwortung für Natur, die Dritte Welt oder spätere Generationen geht, sondern die Frage ist hier: »Sind jene Tugenden über das Erleben personaler Freiheit vorab vermittelt oder nicht?«

Programme, die auf Angst, Aggression, Ausgrenzung und Abwertung aufgebaut sind, weisen stattdessen in Richtung geschlossener Verhältnisse. In dieser Betrachtung sind geschlossene Gesellschaften eher regressiv, und sie entstehen durch den Druck der Vergangenheit.[106] Das ist anders in der Offenen Gesellschaft. Mut, Demut, Dankbarkeit, Ehrfurcht, Achtsamkeit, Würde, weniger Ego und Bescheidenheit verweisen in Richtung offener Verhältnisse.[107] Sie stellen gleichsam einen Sog aus der Zukunft dar. Erst der öffentliche und freie Diskurs, die rigorose wissenschaftliche Auseinandersetzung und die Tugend der schonungslosen Kritik an sich selbst zerren mögliche fundamentalistische, geschlossene Verhältnisse ans Licht und korrigieren sie. Keine andere Macht tut dies.

Bürgerliche Tugenden in einer Offenen Gesellschaft werden also über die personale Identität, das Individuum vermittelt und nicht über ein historisches Gesetz, eine Utopie oder einen vorgegebenen Gemeinsinn. Bürgerliche Tugenden in einer Offenen Gesellschaft werden über einen kritischen Diskurs erworben, sie sind uns häufig nicht gegeben, sondern müssen jedes Mal neu errungen und gelernt werden. Für Karl Popper liegen die Kohäsionsfaktoren, also das, was eine Offene Gesellschaft zusammenhält, in erster Linie in der Fähigkeit und Bereitschaft, zu kritisieren und sich kritisieren zu lassen. Man kann den Menschen einer Offenen Gesellschaft wahrscheinlich viel nehmen, aber nicht die Bereitschaft zum Protest und zum Widerstand. Dies trifft, wie wir gleich sehen werden, für zwei weitere Bereiche zu: einmal für ein politisches Engagement gegen Ausgrenzung und zum anderen für das Konzept des negativen Utilitarismus.

Die Verfassung einer Offenen Gesellschaft ist nicht einmal neutral oder, wie man nicht selten vermutet, »unmusikalisch«, wenn es um religiöse oder kulturelle Fragen geht. Sie verfügt von Anfang an über einen Bestand an Überzeugungen, Verfahren und Werten, welcher die spezifische Ausdrucksform der jeweiligen Mehrheitsgesellschaft sichtbar macht. Man kann wohl sagen: »Wie viel Religion eine Offene Gesellschaft verträgt, hängt davon ab, wie viel Offenheit eine Religion verträgt.« Oder anders: Werte, Religion und kulturelle Praktiken sind nur so weit offen, wie sie tolerant sind, und nur so weit falsch, wie sie unkritisch sind. So legitimieren Offene Gesellschaften ihre Säkularität oder Weltlichkeit, indem sie religiös-kulturelle Standards wie etwa den Schutz des Sonntags, die Präferenz für eine monotheistische Religion, für eine bestimmte ökosoziale Marktwirtschaft, für ein bestimmtes Grundgesetz nach innen gegenüber ihren Mitgliedern und nach außen gegenüber Andersdenkenen kritisch rechtfertigen müssen.

Selbst der Gottesbezug in der Verfassung einer Offenen Gesellschaft ist von der Überzeugung getragen, dass der kollektive Verstand mit all seinen vorläufigen Resultaten selbst seine Grenzen hat. Er muss ständig mit Unvollständigkeiten und Fehlern rechnen und verlangt von seinen Mitgliedern eine gehörige Portion Demut. Und es ist erst der Verweis auf eine Transzendenz, welche Offene Gesellschaft dann hinreichend immun und resilient gegenüber den Rezepten autoritärer und totalitärer Verfassungen macht, welche für geschlossene Gesellschaften typisch sind.

Wenn etwa eine Offene Gesellschaft mit einer muslimischen Mehrheitsgesellschaft über Gebetsrituale, Fastenmonat, Kleiderordnung, Feiertage und Polygamie diskutiert, dann tut sie dies niemals aus einer neutralen Position heraus. Sie hat immer ein historisches Fundament und damit bereits eine Perspektive. Religion und Kultur sind hier eben nicht Ausdruck der Privatheit, sondern stellen ein öffentliches Bekenntnis dar. Und wenn ein Nichtmuslim in einer solchen Offenen Gesellschaft leben will, dann wird er sich genau damit auseinandersetzen müssen. Gleichzeitig müssen ihre Mitglieder kritisch-rational nachvollziehbare und öffentlich ausgetragene Gründe angeben können, weshalb ein Teil der Bevölkerung hier eine Kopfbedeckung trägt, einen Monat lang fastet und mehrfach am Tag den Arbeitsprozess durch ein Gebetsritual unterbricht. Eine solche Auseinandersetzung schadet einer Offenen Gesellschaft nicht. Ganz im Gegenteil. Solche Diskurse ermöglichen sie eigentlich erst. Offene gesellschaftliche Verhältnisse erfordern folglich keine Selbstverleugnung ihrer Werte, sondern eine aufgeklärte Form der Selbsterklärung. In Offenen Gesellschaften wird öffentlich gezweifelt und gehadert um Werte, Rituale und religiöse Überzeugungen, und deren Errungenschaften sind dann immer vorläufiges Ergebnis genau jenes kritischen Diskurses.[108]

4.6 Negativer Utilitarismus: Die zwei Formen der Ungleichheit

Die Verwüstungen, welche die 2008er Finanzkrise und der vorangegangene Washingtoner Konsens, welcher auf Privatisierung, Deregulierung und Liberalisierung setzte,[109] angerichtet haben, fanden vor allem am unteren Ende der Gesellschaft statt. Das war historisch in ähnlich gelagerten Fällen immer so. Je weniger wir aber wirklich wissen, was es bedeutet, den Wohlstand für alle zu heben, umso zielsicherer können wir uns sein, wenn es darum geht, das Übel von möglichst vielen fernzuhalten. Das ist die Idee, welche hinter dem Konzept des negativen Utilitarismus steckt. Es geht eben nicht um kollektive Maximierung des Nutzens, auch nicht um ständige Lustbefriedigung, konsumptive Ablenkungen oder Effizienzsteigerungen des *bonum commune* und schon gar nicht darum, dass sich Einzelne auf Kosten anderer bedienen, sondern um etwas viel Einfacheres, aber doch Substanzielleres. Offene Verhältnisse können nie alle glücklich machen, aber wir können daran arbeiten, das Leid aller zu verringern. Das heißt, an die Stelle von »*maximizing happiness*« tritt »*minimizing suffering*«.

Das hat weitreichende Konsequenzen für unser Zusammenleben. Die individuelle Prosperität des einen können wir in offenen gesellschaftlichen Verhältnissen nicht mit dem individuellen Leiden des anderen verrechnen, um dann zu einem pareto-optimalen Zustand zu gelangen, in welchem – wie es heißt – keiner besser gestellt werden kann, ohne einen anderen Teilnehmer schlechter zu stellen. Das offenbar Unerträgliche, das Böse und Schlechte sind keine Eigenschaften, welche durch die Abwesenheit des Guten oder im Wissen um das Richtige hinreichend bestimmt sind, sondern es hat eine eigene Qualität. Kurz: Wohlstand und Leid, Glück und Elend stehen nicht symmetrisch zueinander.[110]

Dies hat zur Folge, dass es in einer Offenen Gesellschaft eben keinen gesellschaftspolitischen Zusammenhang zwischen Glück und Unglück gibt. Es sind stattdessen die Abwesenheit von Formen der Freiheit und Einschränkungen wie Schmerz, Hunger, Krankheit, das Fehlen von Grundsicherungen, Kriminalität, eingeschränkte Menschenrechte, reduzierte Lebenschancen und Möglichkeiten sowie flächendeckende Umweltzerstörung, welche man allesamt in offenen gesellschaftlichen Verhältnissen als Problem empfindet. Zwar bleiben auch all diese Probleme historisch bedingt und ändern sich gleichsam von Epoche zu Epoche, von Land zu Land und auch von Region zu Region. Dennoch gilt: Die Verhinderung von Übel ist viel einfacher zu erkennen und leichter vermittlungs- und zustimmungsfähig als die Steigerung des allgemeinen Wohlstands. Man könnte sagen: Die Stärke und der Grad der Offenheit einer Gesellschaft misst sich hier am Zustand der Schwächsten.[111]

Dieser Anspruch folgt schon fast einer Regel: Je abstrakter, formaler und funktionaler ein gesellschaftliches Programm im Hinblick auf gesellschaftliche Wohlfahrt sein soll, desto stärker muss es an dem orientiert sein, was nicht sein soll, um als offen charakterisiert zu werden. Das Thema kann man hier weiterdenken. Wenn alles mit allem vernetzt ist, dann entsteht ein Punkt, an dem die Maximierung der Eigeninteressen an die Verbesserung der Interessen des anderen, des Kollektives und der Gemeinschaft gleichsam automatisch und fast zwingend zurückgebunden ist. Das nennt man dann einen effektiven Altruismus.[112] Mängelbeseitigung, Krisenmanagement, Defizitkategorien und soziale wie ökologische Übel können unmittelbarer bestimmt werden als über den Umweg der Definition eines irgendwie gearteten kollektiven Gemeinwohls, des allgemeinen Wohlstands oder einer idealtypisch angenommenen proportionalen Verteilung. Müssen wir also immer zuerst verifizieren und affirmieren, bevor wir uns für das Gegenteil entscheiden? Nein, müssen wir nicht.

Menschen sind ungleich und dies nicht nur im Hinblick auf ihre Hautfarbe und Geschlecht, Religion, Nationalität und Körpergröße, sondern vor allem auch im Hinblick auf ihre Begabungen, ihre Talente, ihre Biographien, ihre Risikobereitschaft und ihre Einkommens- und Vermögenssituation. Die Unterschiede betreffen auch individuelle Bedürfnisstrukturen, Tätigkeitsprofile und Lebensentwürfe. Das heißt, die Vielfältigkeit individueller Lebensstile, Glückserfahrungen und Vorstellungen von Wohlstand, Freude und Wohlgefallen kann in einer hochkomplexen Offenen Gesellschaft nicht positiv bestimmt werden, sondern immer nur individuell eingelöst werden. Hier bleibt eine gesamtgesellschaftliche Bestimmung immer pluralistisch, im Letzten unbestimmt, unterdeterminiert, divergent und nicht allgemein konsensfähig. Für Karl Popper ändert sich dies jedoch grundlegend, wenn es um die Nennung gesellschaftlicher Missstände und Übel geht. Natürlich wird auch in Offenen Gesellschaften weiterhin darüber gestritten, um wie viel sich Gehaltszahlungen des durchschnittlichen Arbeiters von denen des Spitzenmanagements unterscheiden dürfen. Es wird auch weiterhin jedes Mal aufs Neue verhandelt, was sozioökonomisch gerade noch akzeptabel und was als »unerträglich«, »skandalös« und was als »subventionsbedürftig« gelten soll. Aber der Punkt ist, dass mit dem Konzept des negativen Utilitarismus eine Abgrenzung nach »unten« gezogen wird, während gleichzeitig individuelle Lebensgestaltungen nach »oben« hin offen bleiben. Offenheit heißt folglich, dass es Grenzen gegenüber unerträglichen sozioökonomischen Verhältnissen, schlagenden Ungerechtigkeiten, gegenüber absoluter Armut, Hunger, Analphabetismus, Krankheit und Arbeitslosigkeit geben muss. Sie alle werden innerhalb einer Offenen Gesellschaft nicht nach unten unterboten. Die Offene Gesellschaft hat also einen Boden, aber keinen Deckel. Oder anders formuliert: Die Offene Gesellschaft fördert sozioökonomische Mobilität nach oben und gesellschaftliche Inklusive nach unten.[113] Sozialpsychologisch liegt der Fehler im Umgang mit Wohlstand und Missständen häufig darin, dass man mit Diversität und Minderheitenschutz beginnt und dann aber nicht bei der Gleichheit herauskommt. Das Umgekehrte wäre besser: Wir fangen bei dem an, was uns alle vereint, zum Beispiel öffentliche Daseinsfürsorge, Sicherheit, Gesundheit, Naturschutz, und erst dann diskutieren wir die Besonderheiten des Einzelnen. Das ist nicht nur ein sozialphilosophisches Programm, sondern hat weitreichende praktische Konsequenzen. Kurz: Gleich ist nicht dasselbe wie genug.[114]

So sind Notfalleinsätze und katastrophenbedingte Hilfsbereitschaft das eine und immer Ausdruck eines funktionierenden Gemeinwesens. Wenn unerwartete Katastrophen passieren, dann hilft man sich, ganz sicherlich auch als Mitglied einer Offenen Gesellschaft und dies auch gegenüber Menschen, welche jene offenen Verhältnisse nicht haben oder nicht wollen. Systematische und dauerhafte Charité, dauerhafte Transfer- und Ausgleichszahlungen dagegen sind dann jedoch eher Ausdruck und Symptom eines Systemfehlers, der durch gut gemeinte Einzelaktionen, Philanthropie, ständige Spendenaufrufe sowie steuerliche Dauer- und Quersubventionen aber nicht zu beheben sind, sondern diesen stattdessen endlos unterhalten.[115]

Es scheint in diesem Zusammenhang nicht ganz unwichtig, dass es im Konzept der Offenen Gesellschaft keine Stelle gibt, in der es um nennenswerte Umverteilungsmechanismen geht. Stattdessen geht es darum, Menschen vom Übel zu befreien und Schaden abzuwenden. Es geht viel eher um Grundgüter, wie wir sie in der Diskussion um ein »gutes Leben« kennen: Mindestlohn und leistungsfreies Mindesteinkommen, Gesundheitsfürsorge, Wohnung, Bildung, Freizügigkeit und vieles mehr. Wir dürfen bei einem solchen Katalog also annehmen, dass er von nahezu allen Menschen mitgetragen wird, die in einer Offenen Gesellschaft leben wollen. Die vielleicht wichtigere Frage ist hier: Wie werden diese Grundgüter finanziert? Das kann man auch anders machen als durch private oder staatliche Transferzahlungen, expansiven Wachstumszwang, Migration oder Bodenreform.[116] Kurz: Wie leistungsfreie Grundbedürfnisse und Mindeststandards definiert sind,[117] wie sie gewährleistet und schließlich finanziert sind, lässt Karl Popper ebenfalls offen. Die klassische Umverteilung ist nur eine Form.[118]

Dies hat dann die Konsequenz, dass man in diesem Zusammenhang wohl zwei grundlegende Formen der Ungleichheit unterscheidet. Die akademische, mediale und politische Diskussion um Ungleichheiten diskutiert vor allem relative Wohlstandsunterschiede. Nennen kann man hier vor allem A. Atkinson, Th. Picketty, P. Krugman, J. Stiglitz, B. Milanovic und A. Deaton. Daraus ergibt sich dann eine vielschichtige Debatte um Bonuszahlungen, progressive Einkommensbesteuerung, Vermögensabgaben, Erbschaftssteuer sowie zahlreiche weitere Umverteilungsmechanismen. Dies mündet dann schließlich in die Frage: Was ist gerecht und was nicht? Völlig unterrepräsentiert ist hierbei die Unterscheidung von zwei Formen der Ungleichheit: eine an der Grundsicherung eines »guten Lebens«

und jene oberhalb. Beim Ersteren geht es um Grundbedingungen des Lebens, welche individuell nicht hinreichend sichergestellt werden können (Gesundheit, Sicherheit, Erziehung, Ernährung, Wohnung).[119] Auch wenn Einkommens- und Vermögensunterschiede oberhalb eines Gleichgewichts der Grundsicherung psychologisch oft schwer auszuhalten sind und häufig das Gefühl der Ungerechtigkeit entsteht, so sind es doch zwei grundlegend verschiedene Formen. Vorausgesetzt, die Einkommen sind legal erworben, gibt es bei Karl Popper vor allem eine Präferenz für die Sicherung von Grundbedürfnissen, nicht jedoch für die Beseitigung der Ungleichheiten oberhalb derselben. Offene Gesellschaften sind eben offen, auch nach oben hin.[120] So gibt es eine Unmenge von Gerechtigkeitskonzepten, die alle etwas für sich haben. Immer trifft man jedoch auf ein Dilemma, in welchem das jeweils a priori eingenommene Gerechtigkeitsverständnis dann das Ergebnis darüber bestimmt, was als gerecht empfunden wird. Nun ist ein solches Vorgehen sicherlich nicht falsch oder gar unethisch, aber es gehört zweifelsfrei nicht zu den dominanten Themen bei Karl Popper. Ich glaube, es hat damit zu tun, dass Gerechtigkeitsvorstellungen theoretisch und praktisch nicht wirklich zu lösen sind.[121] So gibt es Ungleichheiten, welche die Ausgangslage betreffen, andere wiederum betreffen die Möglichkeiten, die Einzelnen und Gruppen eingeräumt oder verhindert werden. Man spricht dann von Entfaltungspotenzial und Möglichkeitsräumen; wieder andere Formen der Gerechtigkeit betreffen das Leistungsvermögen, die Risikobereitschaft und die Endresultate. Es gibt Chancen-, Generationen- und Familiengerechtigkeit und solche Gerechtigkeitskonzepte, welche sich auf das verfügbare Einkommen, und andere wiederum, welche sich auf das Vermögen von Einzelnen oder Unternehmen beziehen.[122] Sie alle haben ihren Platz und ihre Legitimation, und sie alle werden innerhalb von offenen gesellschaftlichen Verhältnissen immer wieder neu ausgehandelt werden. In der Lesart von Karl Popper gibt es jedoch zwei prominente Formen der Gerechtigkeit sowie von Ungleichheit, welche in offenen Verhältnissen unterschiedlich verhandelt werden: eine am oder unterhalb des Existenzminimums und eine darüber. Jene am Existenzminimum ist fester, nicht weiter verhandelbarer Gegenstand der Verfassung einer Offenen Gesellschaft, jene darüber ist Gegenstand der zivilgesellschaftlichen und parteipolitischen Auseinandersetzung und wechselt mit den Mehrheitsverhältnissen über die Legislaturperioden hinweg.[123] Sie muss folglich immer wieder aufs Neue ausgehandelt werden. Generelle Umverteilung im klassischen sozialdemokratischen Sinne kommt bei Karl Popper eben nicht vor.[124]

Offene Verhältnisse gibt es konsequenterweise dann nur oberhalb eines sozialen Mindeststandards und nur innerhalb geoökologischer Bedingungen. Beides gilt es regelmäßig immer wieder auszuweisen, zu differenzieren und einzulösen. In beiden Fällen gehören Grenzen zu den Bedingungen von Offenheit. Und vielleicht muss man hier fast von einer soziologischen Elementarkategorie sprechen. Denn ein Leben außerhalb von Nachhaltigkeitsstandards und unterhalb von sozialen und rechtlichen Mindeststandards[125] ist sicherlich kein Leben in einer Offenen Gesellschaft. Allerdings ist die Frage, ob wir in einer Offenen Gesellschaft leben wollen, keine ökonomische Fragestellung, sondern eine politische Entscheidung. Wenn wir uns nicht für offene gesellschaftliche Verhältnisse entscheiden, kann es leicht sein, dass wir irgendwann einmal gar keine menschlichen, auch keine kritischen und schon gar keine freien gesellschaftlichen Verhältnisse mehr haben werden.[126] Der Angriff auf die individuelle Freiheit ist in einer Offenen Gesellschaft folglich ein höheres Gut als die Herstellung von Formen der Gerechtigkeit. Dafür gibt es andere Mechanismen: soziale Mobilität nach oben und soziale Inklusion nach unten, wie wir gesehen haben. Die Mitglieder einer Offenen Gesellschaft vertrauen an dieser Stelle eher den Ergebnissen der Entscheidung von autonomen und freien Individuen, die in kleinen Schritten unterwegs sind.

4.7 Stückwerktechnologie: Politik auf Sicht

Das Ganze lässt sich bekanntlich nicht völlig erkennen. Da wir eben nicht alles wissen können und auch nicht wissen, was wir alles nicht wissen, geschweige denn Kontrolle über die Folgeeffekte dessen haben, was wir vermeintlich wissen, benötigen wir Sozialmechanismen, welche es uns erlauben, Fehler zu machen, Korrekturen vorzunehmen und aus Fehltritten zu lernen. Eine davon ist die Sozialtechnik der kleinen Schritte, ein Vorgehen von Versuch und Irrtum. Bei Karl Popper heißt es, »dass es klüger ist, die naheliegendsten sozialen Missstände zu bekämpfen, anstelle ganze Generationen für ein idealtypisches Fernziel oder ein unerreichbares Gut oder eine Idee zu opfern«. Das wirkt wahrlich nicht wie eine Revolution. Es wirkt eher langweilig, und in der Tat hat Karl Popper wohl genau das gemeint. Veränderungen in der Offenen Gesellschaft passieren langsam, graduell, reformatorisch, auf Sicht, mutativ und kontinuierlich.

Das hat damit zu tun, dass unser Wissen begrenzt, unsere Unwissenheit dagegen unbegrenzt ist. Wir wissen eben oft nicht einmal, was wir alles nicht wissen. Das ist das Wesen der Ignoranz. Deshalb fordert Karl Popper kleine Schritte. Für das globalisierte und digital vernetzte 21. Jahrhundert heißt dies etwa mehr regionale und überschaubare Wirtschaftskreisläufe oder auch dezentrale, weniger global vernetzte Energieversorgungen oder auch mehr recyclebare Produkte, Kaskaden- und Kreislaufwirtschaften. Dies heißt auch weniger globale Großtechnologien wie Geoengineering, bei welchen keiner weiß, wie die Nebenwirkungen aussehen,[127] und weniger *global regulation*, die niemand mehr überblickt und für die es keinen absehbaren demokratischen Konsens gibt. Kleinere Schritte heißt hier wohl auch mehr Demut im Hinblick auf einen westlichen Lebensstil für alle Weltbürger, welcher, bei Licht betrachtet, sowieso nicht universalisierbar ist.[128] Überhaupt gilt, dass der sogenannte Universalisierbarkeitstest, also die Idee, dass wir uns mit dem aktuellen Alltagsverstand ins Planetarische extrapolieren, wenig bis gar nichts mit der Idee der Offenen Gesellschaft zu tun hat. Die Ansprüche sind deutlich bescheidener. Es geht immer um relative Fortschritte und die Möglichkeit der Revision. Jürgen Habermas hat sicherlich recht, wenn er sagt, dass, »wenn die utopischen Oasen austrocknen, sich die Wüste der Banalität und Ratlosigkeit ausbreitet«. Das sollten wir tunlichst verhindern, denn das hat mit offenen gesellschaftlichen Verhältnissen dann gar nichts mehr zu tun.

Das Leben in einer Offenen Gesellschaft ist immer unvollständig und sicherlich nicht perfekt. Aber es kann sich aus sich selbst heraus ständig modernisieren und anpassen, vor allem wenn ihre Mitglieder mitmachen. Wahrscheinlich gehört es zu den bleibenden Merkmalen dieser Form des Zusammenlebens, dass man das Hybride, Unfertige, Vielfältige und Differente lieben und schätzen lernen muss, weil es der psychischen Verfasstheit des Menschen und all seinen sozialen Erfindungen am nächsten kommt.

Hier taucht übrigens das Argument gegen die Verallgemeinerbarkeit wieder auf. Der Anspruch, ein gesellschaftliches Zusammenleben für alle Bürger unseres Planeten zu postulieren, ist für die Freunde der Offenen Gesellschaft nur eingeschränkt anwendbar. Es unterstellt einen Erkenntnisstand, den wir fairerweise gar nicht haben. Wissen wir wirklich, ob alle Weltbürger einer Global Governance, also einer Weltregierung, zustimmen wollen? Eher nicht. Wir können uns auf der Ebene der Staatengemeinschaften nicht einmal auf Werte wie Frieden oder Freizügigkeit einigen. Zum anderen kann in der Wahrung lokaler, regionaler, partikularer und das heißt gerade nicht universeller Identitäten ein wichtiger Beitrag für die Pluralität und Vielfalt von Lebensstilen, Gewohnheiten und Traditionen liegen. Und die Maßgabe, dass sie alle globalisierbar seien, bedeutet keinen Zuwachs, sondern gerade eine Einschränkung offener Lebensverhältnisse.

Hier kann ein Beispiel weitere Klärung schaffen: Das Verständnis von Demokratie und Menschenrechten unterliegt einer westlichen Deutungshoheit mit dem Anspruch auf universelle Geltung. Wenn man in ein Land mit hoher Armutsquote, Analphabetismus und Hunger fährt, so kann man zu dem Schluss kommen, dass es sich lohnen würde, für universelle Menschenrechte einzutreten. Aber zugleich wird man einräumen, dass es auch eine zeitliche Priorisierung und geografische Gewichtung geben kann. So bekommt die Überwindung von Armut und Hunger, ein Dach über dem Kopf oder auch der Zugang zu basalen Bildungs- und Gesundheitseinrichtungen dann schnell Vorrang gegenüber der freien Meinungsäußerung, Pressefreiheit und der geografischen Mobilität über Staatsgrenzen hinweg. Wir werden uns in Offenen Gesellschaften, wie wir sie für Europa fordern, eingestehen müssen, dass es vielleicht Gesellschaften gibt, welche andere Schwerpunkte und Präferenzen haben, mit welchen wir nicht einverstanden sind. So gibt es Gesellschaften, denen es nicht so wichtig ist, dass der politische Meinungsbildungsprozess durch ständige Lobbyarbeit, Partialinteressen und Fake-News-Kampagnen gekennzeichnet ist und zugleich jeder immer und überall seine Meinung sagen kann, stattdessen ihre Mitglieder aber sicher sein können, dass ihre Kinder nicht mehr hungern und in die Schule gehen können.

Beide, unser Demokratieverständnis wie auch unser Einsatz für Menschenrechte, unterliegen folglich einer internen Gewichtung und partiellen Widersprüchlichkeit. Freiheit und Sicherheit gehören traditionell hierher. Beide werden in vielen Staaten dieser Welt unterschiedlich bewertet. So etwa der private Waffengebrauch als Ausdruck von Sicherheit in den USA oder auch die fehlende Geschwindigkeitsbeschränkung auf Autobahnen als Ausdruck von Freiheit in der Bundesrepublik. Es gibt wohl kein Menschenrecht auf einen Schwimmteich oder auf ein Auto, aber doch auf Trinkwasser, Schulbesuch, Grundnahrungsmittel, Zugang zu frischer Luft und einer medizinischen Versorgung. Das alles sind unangenehme Fragen und Zuspitzungen, welche wir uns zumuten müssen, wenn wir in offenen Verhältnissen leben wollen. Der Aufruf, in einer Offenen Gesellschaft leben zu wollen, ist nicht gleichzeitig mit dem Aufruf auf eine Universalisierbarkeit verbunden. Es könnte auch sein, dass wir uns mit unserem westlichen Wertekatalog irren.

»Stückwerktechnologie«, im Originaltext heißt es *piecemeal engineering*. Beide Begriffe sind irgendwie unglücklich, aber ich kann nicht sagen, dass ich einen besseren hätte. Gemeint ist, dass politische Veränderungen im gesellschaftlichen Bereich evolutionär, Schritt für Schritt und auf Sicht geschehen. Wir leben in einer viel zu komplex vernetzten Welt und wissen viel zu wenig, als dass wir alles infrage stellen könnten. Isolierte monokausale Beziehungen verbieten sich eigentlich. Im Gegenzug dazu sind Technologien (Künstliche Intelligenz, Blockchain, Big Data) sowie Marktprozesse (Banken-, Währungs- und Schuldenkrisen) häufig disruptiv, das heißt, sie verändern das Zusammenleben dann abrupt und unvorhergesehen, etwa durch Phasen hoher Arbeitslosigkeit oder nicht gewollter Umweltbelastungen. Diese Diskrepanz stellt eine besondere Herausforderung für die Offene Gesellschaft im 21. Jahrhundert dar. Sie bedeutet etwa, dass die Forderung nach einem *technology fix*, das heißt der Lösung von gesellschaftlichen Problemen alleine durch technologische Durchbrüche, ohne Anpassung der sozialen Lebenswelt,[129] oder auch die Forderung nach einer regelfreien Marktwirtschaft kein Desiderat offener Verhältnisse darstellen kann, da sie dem Kriterium des *piecemeal engineering* nicht entsprechen.

Wenn wir uns darauf einigen könnten, dass die Lebenserwartung von Kindern, welche heute geboren werden, als allgemeiner Entscheidungshorizont gelten soll, dann sprechen wir von offenen gesellschaftlichen Verhältnissen bis zur Jahrhundertwende, das heißt bis ins Jahr 2100. Das halte ich für vernünftig und nicht überzogen, obwohl ich weiß, dass ich mich sofort dem Argument aussetze, dass die Zukunft sowieso nicht vorhersehbar ist und eine Projektion auf die nächsten 81 Jahre hin unwissenschaftlich sei. Aber gerade *weil* wir zu wenig wissen, sind solche kognitiven Anstrengungen im Lichte von Kritik und Freiheit umso wichtiger. Wenn wir sie jetzt nicht machen, können unsere Kinder jene Auseinandersetzung, die uns jetzt noch offensteht, wohl nicht mehr bewerkstelligen, weil sie dann in geschlossenen Verhältnissen leben werden. Was ist damit gemeint?

Ich meine nicht nur die Effekte, die sich aus der Hebung des Meeresspiegels, dem irreversiblen Verlust an Biodiversität,[130] Wasserknappheit, forcierter Migration,[131] ozeanischer Versauerung oder dem Rückgang der Ernten um zehn bis 15 Prozent bis zur Jahrhundertwende ergeben können. Ich meine auch nicht nur die Tatsachen und Folgeeffekte, die daraus entstehen, dass ein Drittel der Todesfälle in China heute schon auf das Konto der Qualität der Außenluft geht oder dass es mittlerweile einen robusten empirischen Zusammenhang zwischen Erderhitzung und zwischenmenschlichen Konflikten gibt der da heißt: 0,5 Grad wärmer gehen mit einem 20-prozentigen Anstieg von kriegerischen Auseinandersetzungen einher. Oder dass jedes weitere Grad an Klimaerhitzung uns 1,2 Prozent des Wirtschaftswachstums kosten kann, bedingt durch Ernteausfälle, verfrühte Mortalität, höhere Gesundheitskosten und Kriege. Man kann auch weiterhin darüber streiten, welche Auswirkungen das Auftauen des arktischen Permafrosts haben wird, der über das Doppelte an Kohlenstoff bindet und dann vielleicht über Methangase, welche wiederum 34-mal klimaschädlicher sind als CO_2, verschiedenartige Effekte auf Klima, Kriege und Menschen haben wird. Wir können auch weiter diskutieren, in welchem Umfang sich der Albedo-Effekt – weniger Eis, was mit weniger Reflexion des Sonnenlichts und jenes wiederum mit mehr Absorption von Wärme einhergeht – aufschaukelt und alles zusammen dann dazu führt, dass große Teile des Planeten schlicht unbewohnbar werden.[132] Manchmal fehlt uns schlicht die allgemeine Vorstellungskraft, wenn es etwa darum geht, dass die schüchterne und formale Sprache wissenschaftliche Wahrscheinlichkeiten nennt, um uns eine hinreichende emotionale Reaktion oder Verhaltensänderung im Zeitalter des fossilen Kapitalismus abzugewinnen.[133] Ein Missbehagen über zwei Grad Temperatursteigerung gegenüber dem vorindustriellen Niveau, der Eintrag von 400 Parts per Million (ppm) in die Atmosphäre oder auch 1,8 Billionen Tonnen gebundener Kohlenstoff im arktischen Permafrost sind emotional nicht hinreichend vermittelbar.[134] Ich meine: Was jetzt hilft, ist nur noch das ehrliche Eingeständnis über die kollektive Unsicherheit unserer Unsicherheit. Offenheit heißt nämlich zukunftsfähig, auch in Bezug auf spätere Generationen. Mindestens dies sollte jedem, der bisher durchgehalten hat, klar geworden sein.[135] Wer wird das alles gewusst haben, werden wir uns in Zukunft fragen. Niemand!? Falsch? Wir alle! Wir haben es uns aber nur nicht deutlich genug gesagt und nicht danach gehandelt. Statt dass wir einen Augenblick innehalten und unseren kritischen Verstand zum Einsatz bringen, oszillieren wir ständig zwischen ritueller Selbstbestätigung und kollektiver Realitätsverweigerung hin und her. Dies führt dann in den geistigen Zustand eines chronischen Ausnahmezustands, der uns nicht mehr die Zeit lässt, die eigentlichen Fragen zu stellen: Wollen wir das eigentlich alles so weitermachen? Eigentlich müssten wir jetzt beten, damit das wieder ins Lot kommt.

Fairerweise müssen wir uns eingestehen, dass wir im Alltag ebenfalls nicht erst bei 100 Prozent Treffsicherheit, sondern bereits bei deutlich niedrigeren Werten Entscheidungen treffen, etwa wenn es um Kaufentscheidungen bei Konsumgütern, eine Urlaubsreise oder ein Abendessen geht. Das Gleiche sollte für den menschengemachten Klimawandel gelten. Die Wahrscheinlichkeit liegt hierfür bei 95 Prozent. Jawohl, zu 95 Prozent ist der Klimawandel anthropogenen Ursprungs. Die Wissenschaft wird wohl niemals 100 Prozent erreichen können. Muss sie auch nicht. Wenn der Grönlandeisschild völlig schmilzt, dann bedeutet dies einen Anstieg des weltweiten Meeresspiegels um sieben Meter. Und auch wenn die Wahrscheinlichkeit nicht bei 100 Prozent liegt, ist es sinnvoll, dass wir uns Gedanken machen, wie wir dies verhindern können. Um wie viel muss es eigentlich noch schlechter werden und noch dramatischer dargestellt werden, ehe es wieder besser wird?

Wir sollten nicht warten, bis alle Fakten auf dem Tisch sind.[136] Diesen Zustand werden wir sowieso nicht erreichen. Es geht jetzt schlicht darum, was passiert, wenn nichts passiert und wenn wir nichts machen. Wer trägt eigentlich die Verantwortung, wenn wir nichts machen? Das Argument ist ähnlich wie beim unregulierten globalen Derivatehandel, nicht versicherbaren Risiken der Atomenergie oder ähnlich gelagerten Projekten, bei welchen wir uns eingestehen müssten, dass wir die Kontrolle irgendwann einmal klammheimlich verloren haben. Wie garantieren wir hier offene gesellschaftliche Verhältnisse? In Bezug auf Nachhaltigkeitsstandards geht es also nicht darum, ob alle wissenschaftliche Befunde richtig sind und welche Befunde womöglich weniger dramatisch ausfallen oder gar ausbleiben. Die Frage für ein Leben in offenen Verhältnissen ist: »Was wäre, wenn es dennoch zu diesen Auswirkungen käme? Was wäre, wenn wir nichts getan hätten? Welche Folgeeffekte würden entstehen, und wollen wir das wirklich?«

Wenn es uns nicht gelingt, hierzu eine einigermaßen sinnvolle Antwort für alle Beteiligten zu geben, dann bedeutet das nicht das Ende der Menschheit. Aber es bedeutet, dass wir früher oder später geschlossene Verhältnisse bekommen: ethnisch und ökonomisch homogene Habitate; asymmetrische Dauerkriege auf Jahrzehnte hinweg aus vermeintlich religiösen Motiven; unzählige Ausgegrenzte, zu kurz Gekommene, Vernachlässigte, Abgehängte, Traumatisierte, Verlierer, Dauerfrustrierte und niveauloses Primatengeschrei; viel Fiktion und Fakes[137] und weniger Fakten und Wahrheiten; stattdessen

24 Stunden, sieben Tage die Woche weltweites Entertainment und Dauerbespaßungen, chronische Ablenkungen, hysterische Übertreibungen oder maßlose Verharmlosungen, ständige Schuldzuschreibungen zwischen Norden und Süden, Jungen und Alten, zwischen religiösen Gruppen, Reichen und Armen. Kommt Ihnen das bereits bekannt vor? Mir schon.

Man kann den hier geäußerten Gedanken der Politik der kleinen Schritte auch im Bereich der neuen Technologien anwenden. Bisher gelten Effizienzsteigerungen auf unternehmerischer Ebene als einziges Kriterium, um eine Technologie marktfähig zu machen. Das ist aber nur eines von mehreren Kriterien, welche man in einer Offenen Gesellschaft nutzen kann. Es kommen weitere hinzu: Die Angemessenheit einer Technologie etwa in Bezug auf Risikoabwägung, Haftung und Finanzierbarkeit gehört auch hierher. Oder beispielsweise die Frage des Zugangs: Ist jener öffentlich als Open Source nutzbar? Gibt es Patente, und wer hat die Grundlagenforschung finanziert? Sind es private Güter, welche über den Preis reguliert werden? Liegt ein Mono- oder Oligopol vor? Anpassungsfähigkeit beschreibt eine weitere Kategorie. Sind Technologien nur als Großtechnologien nutzbar (z. B. Geoengineering) oder auch regional dezentral organisiert (z. B. Power Grid)? Handelt es sich um Technologien, welche vor Ort leicht reparierbar sind, oder benötigt man Experten bei Ausfällen? Ein weiteres Kriterium stellt die Interaktion mit der Biosphäre dar: Wie hoch ist der Ressourceneinsatz, und wo entstehen negative externe Effekte? Gibt es unkontrollierbare Großrisiken, die niemand versichern kann, oder ist der Einsatz beim gegenwärtigem Stand des Wissens zu gering? Schließlich kann man auch den Einfluss einer Technologie auf das menschliche Verhalten und die Gesundheit nennen. Verändert die Technologie unsere Beziehungs- und Empathiefähigkeit? Gibt es ein Suchtpotenzial? Ich glaube, erst eine solche kritische Matrix erlaubt eine kritische Implementierung von Technologien im 21. Jahrhundert.[138]

Wir haben gesehen: Offene Verhältnisse fordern ein perspektivisches Vorgehen, Stückwerk eben, viel Detailarbeit und das Arbeiten im Kleinen. Nicht die großen und kollektiven Utopien und Universalentwürfe sind es, sondern die konkreten politischen Bedingungen, welche die Verwirklichung individueller Träume ermöglichen sollen, hier und heute, aber auch morgen und übermorgen, bei uns und überall dort, wo Offene Gesellschaften gelten sollen. Man könnte hier sagen: Die Offene Gesellschaft ist selbst der Weg, welchen wir konkret jeden Tag immer wieder zu gehen haben. Ich weiß nicht, ob es besser wird, wenn alles anders wird, aber es muss sicher vieles anders werden, damit es besser wird.

Alle Aspekte einer Offenen Gesellschaft, welche hier genannt wurden, gehören wie bei einem Bouquet oder einer Symphonie zusammen: Geht das eine verloren, geht das ganze Bild verloren. Und darin liegen wohl auch ihr Charme und ihre Schwäche zugleich. Es wird immer viele Demokratien und viele Formen der Marktwirtschaft geben, so wie es auch immer viele Geschichten von Utopien, Spielarten von Autokratien und Ausdrucksformen von Totalitarismen geben wird, aber es wird immer nur *eine* Offene Gesellschaft geben. Die Offene Gesellschaft ist keine Weltregierung, keine Global Governance, kein Ersatz für UN, NATO, WHO, WTO, ILO, G-20, G-7, OECD, EU, kein Treffen in Davos und keine Veranstaltung von Nobelpreisträgern, kein internationaler Schiedsgerichtshof und auch keine Bürgerversammlung sowie kein Parteitag, sondern beschreibt die bestmögliche Binnenstruktur eines souveränen Nationalstaates für die Lösung der Probleme im 21. Jahrhundert. Sie ist darüber hinaus ein Beitrag des westlichen Denkens in einer globalen Welt, die total vernetzt und zugleich geoökologisch begrenzt ist.[139] In diesem Sinne haben die Freunde der Offenen Gesellschaft nicht den imperialen Anspruch, dass alle Menschen von nun an nach ihrem Verständnis leben müssen. Aber alle Menschen könnten sich für offene Verhältnisse entscheiden. Mit solchen und ähnlichen Begrenzungen muss man in Offenen Gesellschaften leben lernen. Vielleicht stimmt hier auch der Satz, dass politische Intelligenz sich entlang von Machbarkeit und Notwendigkeit bewegen soll. Bleibt sie an einem der Pole stehen, geht der Grad an Offenheit verloren.

4.8 Die Schwächen der Offenen Gesellschaft

Ein Leben in einer Offenen Gesellschaft ist nicht einmal die denkbar beste und idealtypischste Gesellschaftsform, in der Menschen leben könnten. Aber sie ist die bestmögliche angesichts der realen Fehlbarkeiten von Einzelnen und Gemeinschaften und angesichts der Unsicherheiten, unter denen wir im realen Leben ständig Entscheidungen treffen müssen. Daraus folgt, dass offene gesellschaftliche Verhältnisse Kompromisse erfordern. Ich denke, es ist nicht falsch, nach Kompromissen zu suchen, welche Mängel und Fehler aufweisen, solange wir vermeiden, das Machbare nicht zu verfehlen. Zu den wichtigsten gehört, dass die Offene Gesellschaft sich ihrer Achillesferse bewusst wird. Gemeint ist, dass sich ihre Mitglieder ständig und immer wieder aufs Neue der Gefahren durch ihre Feinde gewahr sein müssen, der kleinen und der großen. Das ist nicht immer gemütlich, manchmal gar strapaziös. Wir sehen uns gewissermaßen alle gegenseitig tief in die Augen und wissen, dass wir hier in besonderer Weise verletzbar sind, und dennoch wissen wir, dass der Weg nicht zurück in Autokratien, Neonationalismen und nicht über Populisten und Reduktionisten führen kann, sondern nur nach vorne in eine ungewisse, aber doch wahrhaftigere Zukunft. Zugegebenermaßen bewegt sich die Radikalität von Problemlösungen oft nur bei den Vertretern der geschlossenen Gesellschaft proportional zur erlebten Realität. Allerdings weist sie in die falsche Richtung, nämlich nach hinten und zurück in die Vergangenheit. Eine Mehrheit fühlt sich bei einer solchen Ausrichtung dann verloren, entfremdet und orientierungslos. Konkreter kann man fragen: Wo liegen ihre Schwächen oder die »offenen Flanken«, wie Joachim Fest schreibt? Ich sehe zwei. Zum einen: Offene Gesellschaften tun sich schwer, wenn es darum geht, die eigenen kulturellen Voraussetzungen kritisch zu diskutieren. Was heißt das? Das bedeutet, eine Offene Gesellschaft erfordert eine Zustimmung, welche nur von autonomen, freiheitlichen Bürgern selbst geleistet werden kann. Wird diese Zustimmung verweigert, gibt es schlicht keine Offene Gesellschaft. Freiheit und Kritik lassen sich folglich nicht durch einen Rechtszwang oder ein autoritäres Gebot garantieren oder gar herstellen. Der Fortbestand einer Offenen Gesellschaft kann dann nur dadurch gewährleistet werden, dass ihre Mitglieder einen Gemeinsinn, also etwas, was sie mit allen, die ebenfalls in offenen Verhältnissen leben wollen, teilen. Manchmal wird in diesem Zusammenhang auf klassische Werte wie die europäische Aufklärung, den Humanismus oder das Christentum verwiesen. Ich denke allerdings, dass dieser Verweis für eine zukünftige Auseinandersetzung im 21. Jahrhundert unvollständig, vielleicht sogar fehlerhaft ist. Man kann das auch ohne Erkenntnisverlust einfacher formulieren: Es geht immer wieder darum, öffentliche und geregelte Kritik und ein Maximum an individueller Freiheit zu gewährleisten. So ist es denkbar, dass auch andere Religionen, Ethnien, Wirtschaftsformen und politische Systeme gerade hier anschlussfähig sind. Aber so einfach ist es dann doch nicht, denn zwischen beiden – den autonomen, kritischen Bürgern und der von ihnen gewählten Verfassung einer Offenen Gesellschaft – kommt es zu wechselseitigen Beziehungen, welche wiederum auf ihre Mitglieder zurückwirken. Und es ist vor allem der hier formulierte Sixpack, welcher freie und kritische Bürger hervorbringt, welche sich dann nachhaltig für eine Offene Gesellschaft einsetzen können. Das heißt, das ganze Projekt mutet irgendwie zirkulär an. Ist es auch. Ein Leben in einer Offenen Gesellschaft ist in diesem Sinne eben selbsttragend und selbst konstruiert. Das ist ihre erste Schwäche.

Es gibt eine zweite: Man trifft in offenen Verhältnissen immer wieder auf Andersdenkende oder auch auf Menschen, die sichtbar oder verdeckt gegen offene Verhältnisse eintreten. Offene Gesellschaften wirken auf den ersten Blick dadurch fragiler und verletzlicher, weil sie von Bedingungen abhängig sind, welche sie selbst nicht hinreichend begründen können.[140] Das hat damit zu tun, dass ihre Mitglieder auch jenen Raum lassen, die gegen die Freiheit und gegen die Kritik sind. Intoleranz zerstört aber die Offene Gesellschaft. Um dieses Dilemma zu lösen, liegt die Last auf jedem einzelnen Mitglied, seine kulturelle Identität zu finden, auszuhandeln und mit dem gesellschaftlichen Leben zu versöhnen. Wir haben gesehen: Der Offenen Gesellschaft kommt dabei die Aufgabe zu, institutionelle Rahmenbedingungen zu finden, um jene Identifikationen und Bindungen zu ermöglichen. Sie gibt hier keine Antworten, sondern eben nur Möglichkeitsräume. Das ist anstrengender und fordert von jedem Einzelnen ein höheres Maß an Disziplin und reziproker Toleranz. Aber gleichzeitig gilt, dass beim Projekt einer Offenen Gesellschaft prinzipiell jeder und überall auf der Welt mitmachen kann, ohne dass das Modell selbst für sich beansprucht, universelle Geltung zu haben.

Man kann hier zu dem Schluss kommen, dass, solange wir in einer Offenen Gesellschaft leben und sie nicht infrage gestellt wird, sie und alle Errungenschaften, welche mit ihr einhergehen, nicht auffallen. Die Gefahr für offene Verhältnisse ist nicht, dass Fehlinformationen auftreten, Misstrauen oder Überdruss gegenüber dem politischen System bestehen, Entscheidungen als zu langwierig, träge und schwerfällig empfunden werden, auch nicht Dummheit, Fake News oder grobe handwerkliche Fehler. Die Gefahr ist am größten, wenn alles als selbstverständlich hingenommen wird.[141] Wenn wir offene Verhältnisse in dem hier geschilderten Sinne nicht mehr haben oder Gefahr laufen, dass sie verloren gehen, dann wird es viel schwerer fallen, für sie zu kämpfen und für sie einzutreten.

Aber wenn, wie so oft behauptet, Politik nicht primär an Umweltschutz, Menschenrechten, Wohlstand oder Demokratie interessiert ist, sondern ein eigenes, souveränes und nationalstaatliches Interesse immer Vorrang hat, dann ist die Offene Gesellschaft die beste Interessenvertretung souveräner westlicher Nationalstaaten für das 21. Jahrhundert. Kritische Vernunft ist eben nicht der Feind, sondern der Grund der Freiheit. In diesem, aber wirklich nur in diesem letzten Sinne haben Kritik, Ordnung und Freiheit, wie sie in diesem Buch beschrieben wurden, etwas nicht weiter Hintergehbares.[142]

5

Transformation

Wie gelingt uns jene Transformation in eine offene Zukunft? Totalitär, autokratisch, neonationalistisch, utopisch, fundamentalistisch, geschlossen oder dann doch lieber mit den Instrumenten einer Offenen Gesellschaft?[143] Zunächst beginnt sie bei jedem Einzelnen, der seinen kritischen Verstand in die Hand nimmt und sich, sein Verhalten, sein soziales Umfeld und die Beziehung zur Natur, zu künftigen Generationen und zu Entwicklungsländern daraufhin überprüft, ob unser Zusammenleben so auch in Zukunft offen sein kann. Gesellschaftliche Transformation beginnt also vor allem im Kopf und mit Karl Popper durch ein Mehr an kritischem Denken. Es ist folglich das Bewusstsein, welches ein anderes Verhalten, eine neue Technologie und eine neue Governance hervorbringt, nicht umgekehrt; und es ist dann ein kritisches Bewusstsein, welches uns eine bessere Technologie und eine verbesserte Governance bescheren kann. Der kritische Verstand tritt hier nicht von außen heran, sondern wird zu einem festen Bestandteil von Politik und Recht, Ökonomie und Wissenschaftsbetriebs, öffentlichem Diskurs und medialer Präsenz. Ja, mehr noch: Soziale Sicherungssysteme, die Beziehung zur Natur sowie die tagtäglichen Lebensstilmodifikationen sind ohne Rückgriff auf den kritischen Verstand gar nicht mehr sinnvoll realisierbar. Gesellschaftliche Veränderungen entstehen aber leider nicht durch rationale Pläne, sondern durch soziale und gesellschaftliche Interessenkonflikte. Und je geregelter sie vonstattengehen, umso offener sind die Verhältnisse, welche wir bekommen.

Und so werden wir dann anfangen, eine Reihe von Fragestellungen neu auszuhandeln. Was sind die Themen, die alle unverzichtbar in einen gesellschaftlichen Diskurs um zukünftige offene Verhältnisse hineingehören, welche in einer Links-rechts-Debatte bzw. in einer rückwärtsgerichteten Auseinandersetzung mit geschlossenen Verhältnissen nicht hinreichend sichtbar werden? Wir haben gesehen, dass man mit Karl Popper lernen kann, die richtigen Fragen zu stellen. Es sind Fragen, die eher aus der Zukunft kommen. Etwa: »Kann es offene gesellschaftliche Verhältnisse geben, ohne dass wir das Verhältnis von expliziten und impliziten Schulden in Bezug auf unsere Kinder geklärt haben? Macht eine Transformation, welche maßgeblich nur technologisch angesteuert ist, Sinn, wenn wir die notwendigen Veränderungen in der sozialen Lebenswelt nicht zeitgleich mit diskutieren?«[144] »Gelingt unendliches, expansives, exponenzielles ökonomisches Wachstum durch technologische Substitution? Ist der herkömmliche Umverteilungsmechanismus in einer global vernetzten Welt noch zeitgemäß?« Anders formuliert: Stimmt die Gleichung: »Zuerst wachsen, dann umverteilen« überhaupt noch? »Welche Auswirkungen hätte die Unterscheidung von zwei einfachen Formen von Ungleichheit?« Eine am Subsistenzminimum (Grundgütern) und eine darüber. So kann man weiterfragen: »Wie entsteht ein neues kritisches und integraleres Bewusstsein? Was ist eigentlich Fortschritt, und wann hört er auf und wird zum Rückschritt? Wo müssten wir uns eigentlich eher gesundschrumpfen, damit wirtschaftliche Entwicklung noch in offene gesellschaftliche Verhältnisse hineinpasst? Im Kopf oder durch eine veränderte Sozialpraxis oder durch beides? Welche Bedeutung hat der kulturell geprägte Nahraum für die Ausbildung einer personalen Identität, Nachbarschaft und Heimat? Wenn wir über vier Handschläge sowieso alle miteinander verbunden sind und somit alles, was wir hier und heute machen, immer auch alle anderen Menschen betrifft, alles miteinander vernetzt ist und wir zugleich innerhalb geoökologischer Grenzen kluge, nachsichtige, faire und zukunftsweisende Entscheidungen treffen müssen, ändert sich dann nicht unser Denken und das Denken über das Denken? Sollten wir in einer solchen Situation nicht zuerst über Gemeinsamkeiten sprechen als über das, was uns trennt? Hilft uns die Wissenschaft weiter, wenn wir mehr Evidenzen empirisch vorfinden, aber sie nicht umsetzen können?« Und so kann es weitergehen. Der Fragenkatalog ist hier bewusst nicht zu Ende. Haben wir auf all jene Fragen wirklich überzeugende Antworten gefunden und jene auch praktisch umgesetzt, so leben wir in einer Offenen Gesellschaft. Zuvor aber nicht. Wahrscheinlich benötigen wir hier weniger Respekt gegenüber der Vergangenheit und noch weniger Angst vor der Zukunft, um hier die richtigen Fragen zu stellen. Zugegebenermaßen wird die Offene Gesellschaft hier keine letzten Antworten geben, aber innerhalb offener Verhältnisse werden wir genau jene Fragen stellen dürfen. Wir werden dann lernen müssen, dass es nicht nur geoökologische Grenzen gibt, sondern auch geografische, dort nämlich, wo die Offene Gesellschaft anfängt und andere Gesellschaftsformen aufhören. Unter sogenannten Standardbedingungen, was nichts anderes heißt als unter Betriebstemperatur oder Normalbedingungen, hat jeder Mensch in offenen Verhältnissen eine Präferenz für den Schutz des sozialen, kulturellen Nahraums. Mit anderen Worten: Nähe schlägt Globalisierung.[145] Die rhetorische Kraft der Fragen soll nicht darüber hinwegtäuschen, dass wir uns den inhaltlichen Einsichten in die damit verbundenen Zusammenhänge immer noch verweigern.

Offene Gesellschaften leben vom öffentlichen Diskurs, von der Meinungsverschiedenheit und dem geregelten Konflikt. Und es sind jene Spielregeln, welche garantieren, dass Offene Gesellschaften dynamisch bleiben, sich immer wieder verändern und verbessern wollen. Für sie ist der Fortschritt gleichsam ein Teil ihrer DNA. Von

Milton Friedman, dem liberalen Ökonomen stammt der Satz, dass der Liberalismus des 19. Jahrhundert in zweifacher Weise radikal war. Einmal etymologisch – radix heisst nämlich Wurzel – indem es ihm darum ging an den Wurzeln und Ursachen gesellschaftlicher Ereignisse anzusetzen. Zum anderen aber auch in einem politischen Sinne, da es um grundlegende soziale und gesellschaftliche Reformen ging. Der Liberalismus des 21. Jahrhunderts sollte sich daran orientieren.

Gesellschaftliche Veränderungen entstehen historisch weniger durch die unmittelbar Betroffenen, sondern haben ihre Ursache zuallermeist in den Fehlern, Defiziten und Unzulänglichkeiten des jeweils vorliegenden Systems. Und jene Reformen und gesellschaftlichen Veränderungen werden dann häufig und zuallererst durch jene Bürger realisiert, welche die klare und ungetrübte Einsicht in die notwendigen Veränderungen haben. Dazu bedarf es vor allem aber den Mut zum kritischen Verstand. Das war bei den Armen- und der Sozialgesetzgebungen ähnlich wie bei der politischen Partizipation und dem Wahlrecht. Das ist in der Entwicklung hin zu einer Offenen Gesellschaft wohl auch nicht anders zu erwarten. Immer sind es jene aufgeklärten, kritischen Bürger, die uns den Weg in eine Offene Gesellschaft zeigen.

Auch wenn der Übergang oft disruptiv und chaotisch anmutet, so ist das Verhältnis von geschlossenen hin zu offenen gesellschaftlichen Verhältnissen keine schiefe Ebene, sondern bei näherer Betrachtung viel eher eine Leiter oder eine Stufe. Daraus folgt, dass das Modell der Offenen Gesellschaft eine Weiterentwicklung darstellt. Ein Leben in offenen Verhältnissen ist folglich umfassender, weil kritischer, besser, weil freiheitlicher, und nachhaltiger, weil bewusster.

Was ist alles unabdingbar? Sicherlich mehr Wissenschaft und nicht weniger; dann aber auch eine unabhängige Presse, mehr Bildung und öffentliche Diskurse. Aber das sind Allgemeinplätze. Weniger Ego, weniger Selbstdarstellung und weniger Rechthabereien, dafür aber mehr Demut, Achtung, Toleranz gehören sicherlich auch dazu. Das reicht auch noch nicht. Karl Popper hatte, in meiner Lesart, einen Sixpack genannt: Institutionen, die Vielfalt, ständige Korrektur und einen geregelten Konflikt garantieren; politische Mandatsträger, die abgewählt werden können; ein Marktprozess, welcher eher einem offenen Suchverhalten von Versuch und Irrtum als einem Gleichgewichtszustand entspricht; bürgerliche Tugenden, die der Freiheit verpflichtet sind; ein negativer Utilitarismus, welchem die Verminderung von Leid und Schaden wichtiger ist als die Steigerung des allgemeinen Wohlstands, und schließlich eine Politik auf Sicht, welche eine offene Zukunft nicht aus dem Blick verliert, aber nicht den Fehler macht, jene mit Utopien und Heilsversprechen zu verwechseln.

Im Kern wird es aber darum gehen, dass wir jetzt angehalten werden, uns kritisch mit dem Wachstumsparadigma auseinanderzusetzen. »Müssen wir ständig weiter wachsen und dann umverteilen? Leistet zusätzliches Wachstum wirklich einen Zuwachs an Lebensqualität und Wohlstand? Was soll überhaupt wachsen? Warum müssen wir ständig weiter exponentiell wachsen, um den Status quo zu halten?«[146]

Solange das nicht geklärt ist, laufen wir hier Gefahr, Fortschritt als ständige Akkumulation von Kapital und Material mit Offenheit zu verwechseln. So kann es schnell passieren, dass wir dann das Richtige im Falschen tun müssen: weniger Mobilität, weniger Fleischkonsum, weniger haushaltsnahe Geräte, dafür aber mehr an etwas anderem. Es sind die subtilen tagtäglichen Unterlassungen, die unbedachten Nebeneffekte, kaum wahrnehmbaren Innovationen, die unser Leben irgendwie angenehmer machen sollen. Aber bei Lichte besehen, tun sie es nicht; etwa wenn wir 40 Prozent der Nahrungsmittel wegwerfen, 40 Prozent der Kleidung gar nicht getragen wird und über 22 Stunden am Tag wir unser privates Auto gar nicht nutzen. Wenn ein selbstbestimmtes Leben etwas mit Souveränität und diese etwas mit einer Offenen Gesellschaft zu tun hat, dann ist nicht derjenige souverän, der viel hat, sondern der, der wenig braucht, wie der Wachstumskritiker Niko Paech schreibt. Weniger ist dann schnell mehr, aber eben anders: mehr Freizeit, mehr Lebensqualität, mehr Familie etwa. Nun kann man fragen: Wer hat das wissen und vorhersehen können? Jeder.[147] Die Auseinandersetzung findet nur noch scheinbar zwischen NATO und dem Rest der Welt, der EU und den Anrainerstaaten, dem Westen und dem Osten, dem Norden und dem Süden statt. Die eigentliche Konfliktlinie zieht sich mitten durch uns hindurch. Sie findet innerhalb der NATO, innerhalb der EU, innerhalb des westlichen Wohlstandsmodells und des Nordens, innerhalb unseres gewählten Wohlstandsmodells und somit letztlich nicht nur vor unserer Haustür, sondern auch in unseren Köpfen statt.

Wie bereits erwähnt, gilt für offene Verhältnisse, dass sie einen sozialen Boden, aber keinen Deckel haben. Konkret heißt dies wohl, dass wir Einkommens- und Vermögensunterschiede aushalten müssen, solange deren Erwerb rechtens ist und solange der Boden, das heißt die Grundgüter, auf welche wir uns geeinigt haben, für alle Mitglieder gleichermaßen gelten.[148] Vielleicht sind all diese Umbrüche keine Anomalien, sondern ein konstitutives Merkmal der Offenen Gesellschaft. Das heißt aber auch, dass wir uns von dem Konzept der systematischen Umverteilung, des globalen Wachstumszwangs und der freien Migration in der heutigen Form verabschieden müssen. Es gibt andere Möglichkeiten: Wir dürfen uns hier zutrauen, eine Unterscheidung zu machen zwischen der systematischen Umverteilung innerhalb eines Systems und der Frage, ob das gegebene System in der gegenwärtigen Form selbst das richtige ist.[149] Regionale und zyklische Wirtschaftskreisläufe, Parallelwährungen, alternative Geldschöpfungen sind solche Beispiele. Das ist zugegebenermaßen mühsam, aber doch der Idee der Offenheit von Karl Popper näher.

Und wenn wir wirklich in offenen Verhältnissen leben wollen, heißt das auch, dass die Umsetzung von disruptiven Technologien immer mit einer Veränderung der sozialen Lebenswelt einhergehen muss.[150] Ich denke, es macht Sinn, aktuelle gesellschaftliche Trends und soziale Phänomene unter diesen Gesichtspunkten näher zubetrachten: Carsharing, Ehrenamt, Zeitkonten, Entkopplung von Nutzung und Besitz, Verleihstationen, Reparaturkultur, eingeschränkter Fleischkonsum, andere Mobilitätsformen, Genossenschaften, Komplementärwährungen, Reregionalisierung mit mehr Subsistenz- und Suffizienzstrategien und zunehmender Entdifferenzierung des Waren- und Dienstleistungsangebots, Common Gardening, mittlere Technologien, welche sich an menschlichen Größenordnungen orientieren, wie Hammer und Bohrer; Kreislaufwirtschaften mit Leasingservice, Recycling, Entspezialisierung der Arbeitswelt (reskilling) sowie Slow City- und Slow Food-Bewegungen; so sind all diese Alternativen und sozialen Innovationen dann keine Anomalien mehr, keine Fehler im System, krankhafte Entwicklungen oder Lebensstile von Sonderlingen, Durchgeknallten, Wutbürgern, Eremiten oder Minderheiten, sondern soziale Praktiken, welche die kommende offene gesellschaftliche Entwicklung im Kleinen bereits vorwegnehmen und eine sinnvolle Antwort auf den technologischen Veränderungsprozess geben können. Sie respektieren eben innere und äußere Grenzen. Der Prozess für mehr gesellschaftliche Offenheit muss letztlich all jene Elemente, für welche wir hier streiten und kämpfen, von Anfang an bereits beinhalten. Alles andere wäre totalitär.

Es geht immer wieder um das Gleiche, nämlich um das richtige Narrativ: Wir denken ständig, dass wir das Problem durch Wachstum und Technologien in den Griff bekommen. Wir haben dabei ständig die falschen Bilder im Kopf: *»Denken Sie mal NICHT an einen Elefanten!«* Denn Lebensstandard ist nicht gleich Lebensqualität, Bonuszahlungen nicht gleich Freizeit, Effizienzsteigerung nicht gleich Muße, Wachstum nicht gleich innere Entwicklung. Wahrscheinlich hat der Wirtschaftswissenschaftler und Politikberater Tim Jackson recht, wenn er zu dem Schluss kommt: »Wir kaufen Dinge, die wir nicht brauchen, von Geld, das wir nicht haben, um Menschen zu beeindrucken, die wir eigentlich gar nicht mögen.« Und man kann hinzufügen: Das alles dann auf Kosten unserer Kinder, unserer Zukunft und einer gemeinsamen zukünftigen Offenheit. Und wir müssten gleich doppelt entkoppeln. Einmal zwischen Ressourcenverbrauch und Wachstum, das nennt man dann Effizienz. Dann aber auch zwischen unsere Bedürfnissen und unserem Konsum, und das nennt man dann ein »gutes Leben«. Karl Popper hätte wohl jetzt im 21. Jahrhundert der Formulierung zugestimmt, dass Offenheit nicht nur sozioökologische Nachhaltigkeit meint, sondern auch eine Kritik am expansiven Wachstumszwang beinhaltet.

In Bezug auf unterschiedliche Religionsgemeinschaften, ethnische Zugehörigkeiten und die Vielfalt an Kulturen kann das heißen, dass eine wahrhaftige Auseinandersetzung nicht in der Integration verschiedener Glaubensrichtungen liegen kann, sondern in der gesteigerten psychologischen Fähigkeit zu Dialog, Distanz und Differenz.[151] Bei 1300 Ethnien, über 6000 Sprachen, über 200 Staaten und fünf Weltreligionen geht es um die Anerkennung von kulturellen Differenzen und weniger um die Schaffung einer neuen Identität innerhalb von homogenen kulturellen Habitaten. Samuel Huntington hatte wohl recht,[152] als er darauf hingewiesen hat, dass Menschen und Gesellschaften sich kulturell nicht so ohne Weiteres geografisch verschieben lassen. Wir wechseln nicht einfach die Identität, nur weil jetzt ein anderes Wirtschaftssystem angesagt, eine andere Form der politischen Partizipation gefordert ist oder gerade eine Forschergruppe eine neue bahnbrechende wissenschaftliche Publikation veröffentlicht hat.[153] Die kulturelle Identität ist stabiler und wichtiger als ökonomische Austauschprozesse, Formen der politischen Partizipation oder wissenschaftliche Evidenz. Das gilt auch für offene Verhältnisse.[154] Das Thema wiederholt sich fast zwanghaft, und der psychologisch geübte Leser erkennt die Gemeinsamkeiten. Im politischen Kontext verwechseln wir im Zuge permanenter Rückkopplungen rasch die historische Einzigartigkeit unseres westlichen Wohlstandsmodells, unsere Formen des Wirtschaftens und der politischen Partizipation mit ihrem universellen Anspruch. Das kann nicht gut gehen. Was aber wohl fast immer gilt, ist, dass immer dann, wenn man Aspekte der Großen Rückkopplung identifiziert, wie sie oben als *big loop* beschrieben wurde, bei uns etwas falsch läuft, nicht bei den anderen.

Wir brauchen die anderen in ihrer Andersartigkeit, und die anderen benötigen uns, um uns auf Fehler aufmerksam zu machen. Daraus folgt: Keine Perspektive kann die andere völlig ersetzen. Keiner ist zu 100 Prozent falsch in einer Welt, welche total vernetzt ist, zugleich auf geoökologische Grenzen trifft und in der wir ständig Entscheidungen unter Zeitdruck, Unsicherheit und bei unvollständigem Informationsstand treffen müssen. Eigentlich ist das alles selbstverständlich, aber es kann immer wieder in Vergessenheit geraten.

Denn die Offene Gesellschaft kommt nicht von selbst. Wir können uns nur für offene gesellschaftliche Verhältnisse entscheiden. Das machen auch nicht andere für uns, sondern das können wir nur selbst vollbringen. Mit anderen Worten: Es gilt, die von Laienpsychologen und bei Futurologen vorherrschende Meinung zu widerlegen, dass die Entwicklungen und Ereignisse der Geschichte zwangsläufig seien. Sie sind es aber nicht. Die Offene Gesellschaft folgt hier keinem teleologischen Gesetz, sondern ist von der Einsicht geleitet, dass jede Errungenschaft jederzeit wieder verloren gehen kann, aber zugleich eingestandene Fehler auch korrigierbar sind. Die Frage ist: Wollen wir nun mitgestalten, oder wollen wir gestaltet werden? Die Geschichte ist nach dem Ende der Systemkonkurrenz von links und rechts eben noch nicht zu Ende, sondern sie beginnt jetzt eigentlich erst richtig, aber anders.[155] An manchen

Stellen leiser und mächtiger zugleich, radikaler und doch stiller, umfassender und grundlegender, komplexer und klarer zugleich, eben mit den Werkzeugen einer Offenen Gesellschaft. Manchen klingt es fast trivial, aber es geht in der Hektik der tagtäglichen Auseinandersetzung immer wieder verloren: »Dass ich mich irren kann, dass du recht haben kannst und dass wir zusammen vielleicht der Wahrheit auf die Spur kommen können«, heißt es bei Karl Popper. Wir haben gesehen: Die Offene Gesellschaft ist keine Global Governance-Veranstaltung, bei der sich die Mitglieder einer Weltregierung treffen, die vielleicht demokratisch legitimiert ist und über universelle Standards diskutiert. Die Offene Gesellschaft ist vielmehr ein Minimalprogramm eines souveränen nationalen Staates für die Lösung der wichtigsten Aufgaben am beginnenden 21. Jahrhundert. Das heißt, bei Verlust an Staatlichkeit, welche man etwa am Fragile States Index nachlesen kann, treten dann nicht transnationale Gebilde, wie wir sie von der UN, der EU oder der NATO her kennen, sondern nach Karl Popper offene nationalstaatliche Institutionen. Das ist viel, aber auch nicht mehr. Alles andere würde das Anliegen völlig überstrapazieren. Aber vielleicht wollen wir gar keine offenen gesellschaftlichen Verhältnisse?

Dann sind wir vielleicht die Generation gewesen, welche nicht die Krönung der Schöpfung, sondern die Krönung der Erschöpfung war. Eine Generation, welche zwar angefüllt war mit Big Data-Korrelationen und randvoll mit Informationen, aber dann nicht mehr erfüllt war von den Herausforderungen eines toleranten, nachhaltigen, freien, fairen und friedlichen Zusammenlebens.

Doch vielleicht wollen wir nicht zu der Generation zählen, die sich intellektuell ständig entmündigt, indem sie permanent auf die »Verhältnisse« und »Umstände«, auf die vermeintliche »Unkorrigierbarkeit« und »Pfadabhängigkeit« unseres Handelns, auf die »unsichtbare Hand« oder die »vierte, fünfte oder sechste Gewalt im Staat« verwiesen hat, ohne dass wir uns eingestehen, dass all das ja auch von uns selbst gemacht und somit auch veränderbar ist. Und vielleicht möchten wir auch nicht der Generation angehören, die exzellent war, als es darum ging, Probleme zu analysieren und isolierte Antworten auf einzelne Fragestellungen zu formulieren, aber dann doch unfähig war, wenn es darum ging, einen klaren Gedanken zu fassen, eins und zwei zusammenzuzählen, alles in sinnvolle, zukunftsfähige Entscheidungen einzubinden und den Überblick für das »Ganze« zu bewahren. Die Zukunft der Offenen Gesellschaft ist eben keine Wiederholung der Vergangenheit, sondern etwas anderes, Neues und wohl auch etwas Besseres. Vielleicht ist es dann eine Zukunft, welche den kritischen Verstand nutzt, um das Mögliche zu entwerfen.

Es ist Ausdruck jenes aufgeklärten Selbstinteresses, dass wir uns alle den Ängsten und Unsicherheiten stellen, ohne ständig mit dem Finger auf andere zu zeigen. Wenn es uns gelingt, jene Befindlichkeiten in den Blick zu nehmen, fangen wir an, unserer eigenen Zukunft entgegenzulaufen. Und dann wird Erstaunliches sichtbar. Die Zukunft wird dann wahrhaftiger, ehrlicher, fairer, nachhaltiger, friedlicher und sicherlich anders. Die erfolgreiche Auseinandersetzung mit der Großen Rückkopplung wird im Letzten eine unbändige Kraft, eine betörende Schönheit, Eleganz und die Harmonie von innerer und äußerer Balance und ein ungeahntes Maß an menschlicher Kreativität und Fortschritt freisetzen, wie wir es vielleicht seit mehreren Jahrhunderten nicht mehr erlebt haben.[156] Man kann wohl von einer neuen Form der evolutionären Anpassung sprechen.[157] Sie ist anders als das, was uns die Evolution bisher lehrt. An die Stelle einer selektiven Anpassung in Verbindung mit dem Kampf des Stärkeren durch Konkurrenz tritt ein Höchstmaß an Solidarität, Kooperation und Verantwortung. Es ist wie ein unerschöpflicher Tanz, welcher unser Sensorium ständig weiter differenziert und unser Denken, Handeln und unsere Ausdrucksformen mit jedem einzelnen Akt klarer, entschiedener, wahrhaftiger und kohärenter macht. Wenn die Diagnose stimmt und alles mit allem vernetzt ist und wir zugleich innerhalb von Grenzen ständig unfertige, ungewisse und revisionsoffene Entscheidungen treffen müssen, dann kann es sein, dass wir von einer zweiten Aufklärung, einer zweiten Achsenzeit[158] oder gar von einer zweiten Renaissance des Menschen sprechen müssen.

Vielleicht noch ein Letztes: Es geht in einer Offenen Gesellschaft nicht nur um die Erfahrung, politisch frei zu sein, und das heißt, seine Meinung sagen zu können und sich politisch zu organisieren. Es geht wohl auch nicht nur darum, ökonomisch befreit zu sein von Elend, Not und Unzulänglichkeiten, sondern auch darum, jene Form von Freiheit zu spüren, etwas aufs Neue, gleichsam zum ersten Mal und jenseits der Tradition, aber jetzt anders und vielleicht auch besser machen zu können. Und das alles unabhängig davon, ob es von Erfolg gekrönt ist, ob es das Verhältnis zu den Mitbürgern anders und die Beziehung zur Natur neu definiert, ein neues Verhältnis von kollektiven und privaten Gütern bereitstellt – oder schlicht in eine neue Krise oder Katastrophe mündet. Auch das meint schließlich Offenheit.[159]

Wir müssen Karl Popper und seinem Modell der Offenen Gesellschaft nicht zustimmen, aber wir wissen jetzt, was es heißen würde, im 21. Jahrhundert in einer solchen zu leben.

ANHANG

6

Leben Sie in einer Offenen Gesellschaft?

Ein Leben für eine Offene Gesellschaft wird dann anstrengend, wenn seine Grundfeste infrage gestellt werden. Und ein Leben für eine Offene Gesellschaft ist dann in Gefahr, wenn wir vergessen, dass wir in einer solchen leben könnten. Man muss recherchieren und nachfragen, sich erkundigen, einmischen, Stellung beziehen, Farbe bekennen, was wirklich wichtig ist. Man muss vor allem die richtigen Fragen stellen. Im Folgenden geht es beispielhaft um einige Fragen, welche die Offene Gesellschaft im 21. Jahrhundert charakterisieren sollen. Sie folgt hier keinem teleologischen Gesetz, sondern ist von der Einsicht geleitet, dass jede Errungenschaft jederzeit wieder verloren gehen kann, aber zugleich eingestande Fehler auch korrigierbar sind. Der folgende Fragenkatalog orientiert sich an den Merkmalen, die Karl Popper für eine Offene Gesellschaft vorgesehen hat.

Abwählbarkeit	Können Mandatsträger gewählt und abgewählt werden?
	Wie ist der Korruptionsindex? Welchen Einfluss haben Lobbygruppen auf den politischen Meinungsbildungsprozess?
	Wie sieht das Amtsenthebungsverfahren eines Mandatsträgers aus?
Markt als offener Suchprozess	Wie hoch sind die impliziten Schulden? Gibt es ein Konzept, um diese zu stabilisieren?
	Gibt es einen Preisbildungsmechanismus auf freien Märkten? Wie hoch ist die Staatsquote?
	Gibt es eine Monopolkommission in Ihrem Land?
	Ist die Zentralbank eine öffentliche Institution?
	Welche Produkte haben Sie von einem Monopol oder Oligopol gekauft?
Heterogenitätsregel	Gibt es Institutionen, die Vielfalt im gesellschaftlichen Leben garantieren?
	Wie steht es um den Minderheitenschutz?
	Pressefreiheit: Veröffentlicht die Presse Stellungnahmen, die Ihnen oder auch der politischen Partei, der Sie nahestehen, nicht gefällt?
	Trennung von Staat und Kirche: Sind staatliche und kirchliche Institutionen getrennt? Gibt es verschiedene Religionsgemeinschaften gleichwertig nebeneinander?
	Freiheit der Wissenschaft: Wie hoch ist der Anteil an steuerfinanzierter Wissenschaft?
	Wie hoch ist der Anteil an nicht veröffentlichten privat finanzierten Studien?
	Welche Bedeutung haben wissenschaftliche Fakten gegenüber Fakes?
	Gibt es Gewaltenteilung? Und wie ist die Kontrolle der Macht geregelt? (Checks and Balances)
	Wie transparent ist die Parteienfinanzierung?
Negativer Utilitarismus	Gibt es soziale Mindeststandards, und welche sind es?
	Mit welchen Mitteln werden soziale Mindeststandards finanziert? Private Charity, Stiftungen und Philanthropie oder auch staatliche Sozialprogramme?

Reziproke Toleranz	Gilt in Ihrer Gesellschaft der Satz: »Ich bin nicht deiner Meinung, aber ich tue alles, damit du sie auch weiterhin sagen kannst«?
Individuelle Rechte	Welche Bedeutung haben personale, individuelle Menschenrechte und Grundrechte; sind sie einklagbar?
Format 11 Technologie	Werden Reformen über Utopien, Autokratien bzw. totalitäre Vorstellungen oder aber über graduelle, reformatorische und evolutive Programme vorgenommen?
Legitimation	Legitimiert sich die Politik durch die Vergangenheit oder durch Themen aus der Zukunft, vor allem im Hinblick auf Nachhaltigkeitsthemen, Globalisierung, Digitalisierung und Verteilungsfragen? Welche Affektprofile steuern die Transformation an?
Verteidigung	Wie werden die Werte in Ihrer Gesellschaft verteidigt? Gibt es eine Trennung zwischen Polizei und Militär? Gibt es Versammlungsfreiheit? Wie ist die innere Sicherheit gewährleistet?
Soziale Mobilität	Gibt es soziale Mobilität? Gibt es intergenerationelle Mobilität?
Dritter Sektor	Welche Bedeutung hat das Ehrenamt? Wird es staatlich, zum Beispiel steuerlich, unterstützt?

7

22 Merkmale
einer
Offenen Gesellschaft

1. Es gibt viele Demokratien und Marktwirtschaften, auch viele Autokratien und Totalitarismen, aber nur *eine* Offene Gesellschaft.
2. Soziale Kritik ist selbstbezüglich und weiß um ihre eigenen Grenzen.
3. Sie ist ein Narrativ der Zukunft, keine Legitimation der Vergangenheit.
4. Sie ist unfertig, selbsttragend, reziprok tolerant, fragil, verletzlich, abhängig, anstrengender und nicht beliebig – aber dafür frei.
5. In einer Offenen Gesellschaft sind alle Funktionen austauschbar bis auf eine: den kritischen Bürger.
6. Offenheit beschreibt Regeln der Begrenzungen (äußere und innere Grenzen), der Vernetzung (Rückkopplungen und Reboundeffekte) und jene der Balance (Integration von Gegensätzen).
7. Die Offene Gesellschaft ist die beste institutionelle Sicherung gegen unser Nichtwissen und die beste Kontrolle gegen ihren Missbrauch.

8. Kritik heißt mehr Bewusstheit. Wir brauchen dann Fehler, die wir oder andere vor uns getan haben, nicht ständig zu wiederholen.

9. Wissenschaft, öffentliche Diskurse und Institutionen sind wichtig. Herausforderungen lassen sich nur durch mehr Wissen lösen, nicht durch weniger.

10. Die Offene Gesellschaft ist keine Weltregierung, sondern beschreibt ein Binnenverhältnis ihrer Mitglieder zueinander innerhalb souveräner nationaler Staaten zur Lösung von Herausforderungen im 21. Jahrhundert.

11. Wenn wir uns nicht für offene gesellschaftliche Verhältnisse entscheiden, kann es leicht sein, dass wir irgendwann einmal gar keine menschlichen und damit auch keine kritischen und schon gar nicht mehr freien gesellschaftlichen Verhältnisse haben.

12. Das unveräußerliche Sixpack für offene Verhältnisse beinhaltet das Wissen um unsere Unwissenheit und die Bedeutung von Vielfalt, Anrechte und Regeln, Abwählbarkeit und einen offenen Marktprozess, bürgerliche Tugenden, Stückwerktechnologie und den Gedanken des negativen Utilitarismus.

13. Die Offene Gesellschaft gibt positive Antworten auf die Frage: In welcher Gesellschaft wollen wir jetzt im Anthropozän leben?

14. Sie ist eine Antwort auf geoökologische Grenzen (Nachhaltigkeit) und Totalvernetzung (Digitalisierung, Globalisierung). Sie hat einen Boden (Grundbedürfnisse, Vermeidung von Schäden), aber keinen Deckel (Einkommen und Vermögen).

15. Eine geschlossene Gesellschaft dagegen sucht nach kollektiver ethnischer Homogenität, einem allgemeinen historischen Gesetz und formuliert eine utopische Zukunft. Alle drei stellen keine Antworten auf Fragen im 21. Jahrhundert dar.

16. Zu den vielen kleinen und großen Feinden der Offenen Gesellschaft gehören neben Totalitaristen, Autokraten, Populisten auch Reduktionisten, welche die Vielfalt der Herkunft vereinfachen, sowie Pankritiker, die alles infrage stellen – nur sich selbst nicht.

17. Wir sind die Mehrheit, wenn wir anfangen, wahrhafte Kritik, Freiheit und Ordnung richtig zusammenzudenken.

18. Die Tugenden und das Argumentationsmuster zeigen uns die Richtung an: je mehr Mut, Demut, Ehrfurcht, Achtsamkeit, Empathie und weniger Ego, umso offener die Verhältnisse. Es sind nicht die letzten Wahrheiten, die zählen, sondern der geregelte Streit um das bessere Argument.

19. Transformation gelingt dann, wenn wir die Offene Gesellschaft als eine Weiterentwicklung in unserem Zusammenleben verstehen, welche geschlossene Verhältnisse erinnert, inkludiert, differenziert und transzendiert.

20. Offene gesellschaftliche Verhältnisse sind autopoietisch. Sie sind nicht durch eine theologische oder philosophische Letztbegründung getragen, folgen keinem natürlichen Gleichgewichtsmodell oder einem Naturgesetz, sondern sind das Resultat der Entscheidung ihrer Mitglieder, eine Ordnung der Freiheit zu wollen.

21. Ein kritischer Verstand ermöglicht uns ein Leben in der besten aller möglichen Welten, und die Offene Gesellschaft beschreibt das Zusammenleben in einer ebensolchen Welt.

22. Die Offene Gesellschaft ist nicht neutral, auch nicht gegenüber der Religion. Wie viel Religion eine Offene Gesellschaft verträgt, hängt davon ab, wie viel Offenheit eine Religion verträgt. Werte, Religion und kulturelle Praktiken sind nur so weit offen, wie sie tolerant sind, und nur so weit falsch, wie sie unkritisch sind.

8

Anmerkungen

[1] Es ist sicherlich ein Glücksfall, dass diese Diskussion nach einem 20. Jahrhundert der deutschen Katastrophen nun von Deutschland ausgeht; siehe www.die-offene-gesellschaft.de.

[2] Mit dem 9. November 2016 ist die Bundesrepublik Deutschland neben Frankreich die bedeutsamste Demokratie der Welt geworden. dies war der Tag, an dem Donald Trump demokratisch ins Weiße Haus gewählt wurde. Vielleicht muss auch deshalb die Debatte um eine Offene Gesellschaft von Deutschland aus geführt werden, vgl. Welzer (2016). Wenn wir die Auseinandersetzung nicht führen, wer dann, wenn nicht heute, wann dann, und wenn nicht so, wie dann? Dies alles auch und gerade nach den Bundestagswahlen im Herbst 2017. Die angelsächsischen Länder haben übrigens Karl Popper vor allem als ein Standardwerk der Demokratietheorie gegen den Totalitarismus rezipiert. In Deutschland wurde die Diskussion eher parteipolitisch funktionalisiert.

[3] Es gibt bekanntlich mindestens drei verschiedene Formen des Konservativismus (einen reaktionären, einen am Status quo orientierten und einen Reformkonservativismus). Bei Karl Popper ist »konservativ« keine rückwärtsgerichtete Geisteshaltung, welche an dem Interesse hat, was gestern war, sondern vielmehr die Suche nach dem, was bleibend und überdauernd ist. Zwar wird auch diese Suche immer wieder neu interpretiert werden, aber die Haltung ist dennoch eine andere. Das heißt, gesellschaftliche Veränderungen sind kein Gegensatz zu dieser Form des konservativen Denkens, sondern sie legitimieren sich dadurch, ob sie einen bleibenden und überdauernden Wert haben. Korrekturen bei Nachhaltigkeitsstandards, stabile Finanzmärkte oder auch soziale Grundsicherungen geschehen aus einer konservativen Sicht aus genau jenem Grund. Siehe Greiffenhagen oder auch bereits Epstein (1966).

[4] Es wird noch komplizierter, wie uns die Politikwissenschaften zeigen. Man spricht hier von einem globa-

len Trilemma: Demokratische Mitbestimmung, globale Integration und der Aufbau eines Nationalstaats gehen nicht zeitgleich zusammen. Es gehen höchstens immer zwei der drei Ziele. Die Links-rechts-Debatte arbeitet sich stattdessen an diesem Trilemma ab; vgl. Rodrik (2012).

5   Die Übersetzung und Aktualisierungen ins 21. Jahrhundert ist aus den Diskussionen der letzten drei Jahre entstanden. Hierzu zählen vor allem mehrere Treffen mit der Weltakademie der Wissenschaften sowie der Europäischen Akademie der Wissenschaft und Künste, vor allem in Kroatien, Lissabon und Lugano; eine *Handelsblatt*-Konferenz in Frankfurt am Main; Treffen mit Vertretern des Vatikans in Rom; die Einladungen zum Kulturzentrum München-Trudering sowie zum Umundu-Kongress in Dresden; der Russian Science Day in Sankt Petersburg, Russland, sowie die Einladungen zur Grand Round Lecture an die UCLA, USA. Wichtig waren auch die Vorträge an den Universitäten Krems, Siegen, Bonn und Oldenburg sowie die Einladungen an die Kyung Kee Universität, Seoul, sowie die TED Talk- und Querdenker-Treffen in Dresden. Nicht fehlen dürfen mehrere Treffen mit hochrangigen UN-Vertretern, Mitgliedern des Club of Rome, der Commerzbank, der GLS, der IHK Berlin, PWC, sowie den Universitäten Lüneburg, Halle und dem St. Johns College in Cambridge, den Heiligenfeld Kliniken sowie der ÖDP. Wichtig waren auch die Einladung zu den »Reden von Morgen« der Stadt Essen, zahlreiche Gespräche mit der internationalen Blockchain Community, der SpringTij-Konferenzen in Terschelling, Cross Consult und die Einladungen an die Carl v. Carlowitz-Gesellschaft. Hinzu kommen zahlreiche Diskussion mit den Rotariern bundesweit und die vielen Diskussionen mit Fakultätsmitgliedern und Kollegen an der Hochschule Mittweida, die alle zusammen erst dieses Buch möglich gemacht haben.

6   Der folgende Text orientiert sich am Originaltext von Karl Popper und versucht das Konzept der Offenen Gesellschaft für die Anforderungen des 21. Jahrhunderts zu übersetzen. Ich überblicke das Gesamtwerk des Autors, kenne die Rezeption der letzten 50 Jahre recht gut und meine auch einen Einblick in die aktuelle Diskussion zu haben. Auf konkrete Zitate wie auch auf Literaturhinweise habe ich im Haupttext verzichtet. Der interessierte Leser findet die konkreten Textstellen ausführlich zitiert bereits in Brunnhuber (1999).

7   Erich Fromms *Furcht vor der Freiheit* entstand im gleichen historischen Zeitfenster (1941) wie die Offene Gesellschaft bei Karl Popper. Fromms These ist, dass der Mensch zwar von vorindividuellen und kollektivistischen Gesellschaften befreit werden kann, dann aber mit dem »Doppelgesicht menschlicher Freiheit« konfrontiert ist. Anstelle der autonomen Selbstverwirklichung flieht er in autoritäre Gebilde, in den Konformismus oder auch in die Selbstzerstörung. Alle drei Fluchtwege stehen dem Menschen zur Verfügung, führen aber in geschlossene

gesellschaftliche Verhältnisse. Der vierte Weg, hin zu einer autonomen Selbstverwirklichung, dagegen führt in die Offene Gesellschaft.

8 Siehe das Buch von Francis Fukuyama (1989) und die daran anschließende Diskussion.

9 Diese Idee teilt Karl Popper wohl mit Karl Polanyi: Aus kleinteiligen und regionalen Wirtschaftskreisläufen emanzipiert sich der kapitalistische Wettbewerbsmarkt und wird dann erst mit nationalstaatlichen Gesetzen wieder eingehegt. Ein solcher Vorgang steht nun im Umfeld der Globalisierung auf einer höheren Ebene wieder an (vgl. Polanyi, [1978] 1944).

10 Herbert Marcuse (1966) spricht hier von repressiver Toleranz. Er beschreibt eine Toleranz allem und jedem gegenüber. Sie verschleiert damit mögliche private und gesellschaftliche Machtverhältnisse mehr, als dass sie aufgedeckt werden. Wirkliche Toleranz ist perspektivisch, parteiisch und hat einen Standpunkt; sie ist nämlich intolerant gegenüber einer geschlossenen Gesellschaft, dem Falschen, Ungerechten und Inhumanen und offen und tolerant gegenüber dem Wahren, Schönen und Guten.

11 Wenn es um eine nähere Beschreibung des Menschen geht, ist sich die Forschung relativ einig, dass neben den 206 Knochen, zehn Fingern und zwei Lungenflügeln, neben dem aufrechten Gang, der Opposition des Daumens und der Sprachentwicklung vor allem die Gehirnentwicklung und hier im Speziellen die Frontalhirnentwicklung zu den

wesentlichen Charakteristika dieser Spezies gehört. Aber das erklärt noch nicht die Schwierigkeiten, die uns diese Spezies jetzt am Anfang des 21. Jahrhunderts macht. Es sind vor allem des Menschen ständiger Drang nach Perfektion und Verbesserung, nach Optimierung, seine Steigerungs- und Verwertungslogik, welche die besondere Anpassungsleistung erklären. Nicht nur die ständige Anpassung an veränderte Naturbedingungen, sondern auch die fortwährende Neuausrichtung innerhalb der Gruppe spielt dabei eine herausragende Rolle. Biologen nennen dies den »Säugetierimperativ«: Ständiges Machen, Manipulieren, Gestalten, Planen und gedankliches Vorwegnehmen unterscheidet ihn etwa von Bienen, Ameisen oder Bakterien. Bei jenen ist die Rolle innerhalb des Sozialgefüges festgelegt. Man spricht deshalb auch vom »Homo faber«, vom schaffenden Menschen.

12 Experten in einer Offenen Gesellschaft sollten zu dem werden, was sie eigentlich sein sollten, überflüssig nämlich. Zur Kritik der Expertokratie siehe immer noch Illich (1970).

13 Harari, Yuval Noah: 21 Lektionen für das 21. Jahrhundert. München 2018.

14 Vgl. Steffen et al. (2015), Crutzen (2011), Rockström und Klum (2016) und bereits Georgescu-Roegen (1971).

15 Vgl. Brunnhuber 2018

16 Wenn man anfängt, die externen Kosten mit in die Betriebskosten

zu internalisieren, dann sind etwa die Rinderzucht, Weizen, Zement, Stahl- und Eisenindustrie, die Herstellung von Kartonagen, Kohlekraftwerke oder auch die Herstellung von Düngemitteln kein Profitgeschäft mehr. Wie man das rechnet, kann man bei Trucost (2013) nachlesen.

17 Die gesamten Staatsschulden von fortschrittlichen Volkswirtschaften sind deutlich höher als die offiziell ausgewiesenen. Man spricht dann von impliziten Schulden. Sie umfassen künftige Kosten und Ansprüche von Bürgern gegenüber dem Staat durch erworbene Pensionsansprüche, Kosten der sozialen Sicherungssysteme und Garantieverpflichtungen. Jene werden aufgrund der wachsenden Lebenserwartung in den nächsten Jahren noch weiter wachsen. In der EU liegen die expliziten Schulden bei circa 90 Prozent des Bruttosozialprodukts, die impliziten Schulden doppelt so hoch wie die expliziten. Für Großbritannien und die USA sind die impliziten Schulden vier- bis fünfmal höher als die ausgewiesenen Schulden. Die weitergehende Dynamik ist, dass Verschuldung zu einer systematischen Umverteilung von Jung nach Alt und von Arm nach Reich führt. Und sie führt dazu, dass wir gezwungen sind, ökonomisch exponentiell zu wachsen, um sie auch in Zukunft bedienen zu können. Diese sogenannte Nachhaltigkeitslücke würde heute bereits eine Erhöhung der staatlichen Ausgaben von circa 5 Prozent notwendig machen, eine Kürzung der Leistungen oder eine längere

Lebensarbeitszeit mit sich bringen. Offenheit sieht anders aus.

18 Noch gar nicht hinreichend berücksichtigt sind die extraktiven Auswirkungen auf unsere Ressourcen im Hinblick auf »Peak Everything«. Denn Fischbestände, Öl, Aluminium, Wälder usw. gehen nach dem Höhepunkt der Ausbeute irgendwann zu Ende; siehe Heinberg (2007).

19 Alan Jacobs hat jüngst (2017) darauf hingewiesen, dass es hier zwei grundlegende Formen des kritischen Denkens zu unterscheiden gilt. Einmal ein Denken, welches der Suche nach Objektivität und Wahrheit, verbunden mit einem nichtselektiven Neugierverhalten, verpflichtet ist. Zum anderen ein Denken, welches im Dienste der Zugehörigkeit zu einer Gruppe steht. Rationale Überzeugungen und Entscheidungen entstehen hier durch die Identität mit einer Peergroup und nicht durch das isolierte und autonomes Denken des Einzelnen. Für die Mehrzahl der Menschen ist diese zweite Form wohl führend.

20 Der Bestätigungsfehler (*confirmation bias*) wird als der Vater aller Denkfehler bezeichnet. Informationen, die das gegenwärtige Narrativ bestätigen, werden gestützt und bevorzugt, alle anderen geleugnet oder verworfen. Wir verändern unser Verhalten nicht durch eine rational kritische Analyse, sondern reagieren pfadabhängig: Geschichten werden eher umgeschrieben und angepasst als aufgegeben, auch wenn sie falsch sind. Wenn man in

einer Offenen Gesellschaft leben will, muss man das wissen.

21 Grenzen sind immer ein Produkt unseres Denkens und der wissenschaftlichen Disziplin, welche wir wählen. In der Realität gibt es keine Grenzen. Wo beginnt das Meer und endet das Land, wo der Finger und wo die Hand, wo endet die Natur und beginnt der Geist, und wo endet das Individuum, und wo beginnt die Gesellschaft? Die Fragestellung bestimmt folglich die Grenzen, innerhalb deren wir sie dann beantworten können. Sehr hilfreich hierzu Nida-Rümelin (2017) oder auch Liessman (2012).

22 Der Wechsel von wissenschaftlichen Paradigmen ist nicht *nur* ein soziales Konstrukt oder eine gesellschaftliche Veranstaltung, sondern es sind Praktiken, Handlungsanweisungen, gleichsam Kochrezepte, welche in unterschiedlicher Weise unterschiedliche wissenschaftliche Fakten einer objektiven Realität offenlegen können. Damit bekommt auch der wissenschaftliche Diskurs eine Richtung. Er weist nach vorne und ist offen; vgl. Kuhn (2014).

23 Das Zeitalter der Moderne ist durch die Fähigkeit zur Differenzierung gekennzeichnet. Gegenüber vormodernen, geschlossenen Gesellschaften zählt jetzt die Fähigkeit, zwischen einzelnen Lebensbereichen und Zuständigkeiten zu unterscheiden und jenen Bereichen Autonomie und Selbstständigkeit zuzusprechen. Gleichzeitig wird den einzelnen Bereichen eine eigene innere Rationalität zugebilligt. So entstehen dann die Differenzie-

rungen der Moderne zwischen Medizin, Religion, Staat, Kunst, Wissenschaft, Dritter Sektor, Wirtschaft und Politik etc. Für die Offene Gesellschaft des 21. Jahrhunderts wird es weniger um weiterführende Differenzierungen gehen als vielmehr um Integrationsleistungen. Ich glaube, dass die Digitalisierung, eine neue Finanzarchitektur sowie spirituelle Praktiken solche Integrationsleistungen vollziehen können.

24 Dabei werden vorrangig vier Lebensbereiche genannt: die Auseinandersetzung mit dem eigenen Tod, das Phänomen der sozialen Isolation, der Sinn des Lebens und schließlich Fragen, welche sich um die Freiheit des Menschen drehen. So wird schnell eine Auseinandersetzung mit den eigenen Grenzen zu einer Anleitung zum richtigen Leben. Es ist gar so, dass erst dann, wenn wir Grenzen identifizieren, wir das richtige Protokoll für ein richtiges Leben haben. Es sind erst diese »Letzten Dinge« (wie der Theologe Paul Tillich sagt), die Verhaltensänderungen hin zu einem authentischeren, echteren, ehrlicheren, faireren, intensiveren und damit zugleich nachhaltigeren Zusammenleben auslösen. Hier liegen wohl auch die Grundlagen für eine gesellschaftliche Transformation vor. Solange wir jene nicht diskutieren, so lange verbleiben wir mental in einem Modus der Unendlichkeit, der Grenzenlosigkeit und der fehlenden Nachhaltigkeit stecken. Das ist der positive Wert von Grenzen: Sie sind die Voraussetzung für Ziele und in der Folge auch die Voraussetzung für Veränderungen. Und ohne

Grenzen gibt es keine Veränderung menschlichen Verhaltens. Solche Kontingenzerfahrungen sind wohl wichtige Bausteine für offene gesellschaftliche Verhältnisse; vgl. Yalom (1980).

25 Der globalisierte Kapitalmarkt ist nicht an allem schuld, oft sind es eben gerade die fehlenden nationalen Standards, Regeln und Institutionen, welche soziale und ökologische Standards verhindern oder auch gewährleisten können: Mieterkündigungsschutz, Lebensmittelsicherheit, Arbeitgeberschutzgesetze, digitaler Datenschutz, Sicherheits- und Haftungsbedingungen für Banken, Umweltschutz oder Verbraucherschutz. In jedem Fall gilt, dass nationale Interessen und ihre Bürger sich auch gegen einen deregulierten Finanzkapitalismus aussprechen können. Globalisierung ist eben kein Automatismus und kein Naturgesetz.

26 Man spricht in diesem Zusammenhang auch von einer 3-C-Welt. Einmal *Connected*: Dies heißt, alles ist mit allem vernetzt, und dies meint wiederum, dass unsere Denk- und Fantasietätigkeit ständigen Rückkopplungsschleifen ausgesetzt ist, welche wir mit berücksichtigen müssen. Dann zweitens *Chaotic*: was wiederum so viel meint wie, dass singuläre Kausalzusammenhänge eher Seltenheitswert haben. In einer chaotischen Welt herrschen stattdessen nichtlineare Vorgänge vor, wie etwa exponentielle Ereignisse oder die bekannten Schmetterlingseffekte. Und drittens *Complex*: Dies beschreibt wiederum einen Zustand, dass unsere Welt nicht

auf ein Prinzip reduzierbar ist. Stattdessen sind ständig revisionsoffene, korrigierbare und flexible Entscheidungen in einer unsicheren und instabilen Welt gefordert. Auch wenn vielleicht 3 Prozent der Weltbevölkerung in der Lage sind, die Vielschichtigkeit einer 3-C-Welt hinreichend zu internalisieren und dann danach zu handeln, so können alle restlichen 97 Prozent dies nicht. Wir benötigen eine äußere Stütze, ein Exoskelett, welches unseren instabilen Bewertungsvorgang immer wieder neu ausrichtet und konsolidiert. Und dazu benötigt man kritische Institutionen.

27 Vernetzung heißt hier, dass die bloße Geografie nicht mehr das Schicksal einzelner Nationen und Menschen darstellt, also nicht mehr durch den zweidimensionalen Ort bestimmt ist, sondern es ist vielmehr das Ausmaß an Konnektivität, welches die Zukunft des Zusammenlebens bestimmt. Je mehr Grenzen wir haben, umso bedeutsamer werden die Qualität und der Grad der Vernetzung werden. Empirisch zeigt sich, dass der Vernetzungsgrad, etwa gemessen im Bereich des Transports, der Energieversorgung, der Finanzströme oder des Internets, nicht nur Staaten überdauern kann. Vernetzung heißt auch, dass Corporate Social Responsibility (CSR) und soziale Standards transparenter werden, der politische Meinungsbildungsprozess sowie Korruption und Misswirtschaft durch eine weltweite Wertschöpfungskette diszipliniert und modifiziert werden. Außerdem wird durch die zunehmende Vernetzung

die freie Presse sowie der Evidenzgrad der wissenschaftlichen Reflexion erhöht. Gleichzeitig führt aber eine erhöhte Vernetzung zu einer verstärkten Ansteckung. Wir waren natürlich immer schon vernetzt mit allem und jedem. Im Anthropozän kommt jedoch hinzu, dass wir dies nun physisch, sensomotorisch und unmittelbar wahrnehmen können; siehe Khanna (2016).

28 Man kann die Herausforderungen dieses neuen Zeitalters auch positiv formulieren: Wir leben jetzt in einer zweiten Achsenzeit (K. Jaspers), am Beginn einer zweiten Renaissance (L. da Vinci), am Anfang einer zweiten Form der Aufklärung (I. Kant) und inmitten einer zweiten Form der Anpassung (Ch. Darwin). Das alles führt in einen neuen Aggregationszustand unseres Denkens, Fühlens, der Wahrnehmung, des Kommunizierens und Entscheidens. Unser Bewusstseinsschwerpunkt ist nun ein anderer. Ungeachtet dessen, dass wir anfangen »vom Ende her zu denken«, und dass wir beginnen »innerhalb von unzähligen Rückkopplungsschleifen« zu agieren, und dass wir die Anpassung nicht durch Wettbewerbsverhalten, sondern durch kooperative Strategien begreifen müssen, gehört auch, dass wir anfangen, in Gegensätzen und Widersprüchen zu denken, die es alle zu integrieren gilt.

29 Siehe hierzu der neue Bericht an den Club of Rome; vgl. von Weizsäcker und Wijkman (2018).

30 Vgl. Dill (2017). Joseph Stiglitz (2014) spricht hier von »stummen Vermögenswerten« (*tacid assets*).

Die gesellschaftliche Brisanz dieser fehlenden Bewertungen liegt darin, dass wir im Zeitalter des Anthropozäns in einer »vollen Welt« leben, in der alles mit allem vernetzt ist und es eben kein »kostenloses Mittagessen« mehr gibt. Nur weil jene Vermögenswerte kein offizielles Preisschild haben, heißt dies nicht, dass sie keinen Wert haben. Man spricht dann von einem *costly impact*. Es wäre rational, in jene Projekte und Assets zu investieren, welche knapp sind, und diese dann entsprechend zu bewerten: Natur- und Sozialkapital gehören dazu.

31 Solche Rebound- oder Rückschlageffekte verzerren den gesamten Wachstumsprozess. Gemeint ist damit, dass die Einsparungen, die eine neue Technologie erzielt, durch einen höheren Verbrauch wieder neutralisiert werden. Mittlerweile sind über ein Dutzend solcher Reboundeffekte beschrieben worden. Die Maximalvariante des Reboundeffektes ist der Backfire: Dabei werden Effizienzgewinne zu mehr als 100 Prozent durch Mengeneffekte wieder wettgemacht. In Teilen der chinesischen Industrie kann man das bereits feststellen. Empirisch können solche Rückschlageffekte schnell bis zu 50 Prozent der ursprünglichen Effizienzgewinne ausmachen; siehe auch Santarius (2012).

32 Man kann dies psychologisch eine manische Abwehr nennen. Ein Abwehrmechanismus beschreibt die Fähigkeit einer Einzelperson oder eines Kollektives, unangenehme Inhalte aus dem Alltagsbewusstsein fernzuhalten. Eine Manie beschreibt einen Zustand, bei welchem durch

Ideenflucht, Größenfantasien und Realitätsverlust die Kontrolle über das eigene Denken und Handeln verloren gegangen ist. Von einer manischen Abwehr spricht man dann, wenn das manische Verhalten zur Abwehr von aversiven Inhalten dient. Unser exponentielles Wirtschaftswachstum, ständige Verdichtung und Beschleunigungswerte im Alltag, der Verlust an Kontrolle über viele Lebensbereiche, die Leugnung von Grenzen und die vermeintlich fehlende Verletzbarkeit des eigenen Tuns kann man psychologisch als einen solchen manischen Abwehrmechanismus beschreiben.

33 Es gibt weitere Beispiele: Das Aufladen eines iPhones benötigt einen halben Liter Wasser, und eine Google-Anfrage schlägt mit 0,5 Milliliter Wasser zu Buche. Das sehen wir alles nicht, es wirkt aber trotzdem. Ähnliches passiert, wenn man anfängt, die gesamten Stoffströme zu berücksichtigen, welche während eines Lebenszyklus für ein Produkt des alltäglichen Lebens entstehen. So liegt die Extraktion von sogenannten abiotischen Rohstoffen (Kohle, Zement, Mineralien, Sand etc.) pro Kopf bei weit über 10 Tonnen in den Industrienationen im Jahr. Um jedoch auf einem nachhaltigen Pfad zu verbleiben, dürften wir nur 5 Tonnen entnehmen. Wir liegen also ständig darüber, und die anderen 5 Tonnen fallen in der einen oder anderen Form wie ein Tsunami auf uns zurück. Aber niemand kann einen Zusammenhang herstellen, da es irgendwo anders auf der Welt passiert.

34 Siehe Welch (2008).

35 Hierzu grundlegend die Arbeiten von Hans Albert (z. B. 1991 und 1998). Der menschliche Verstand verfängt sich regelmäßig in einem Trilemma, wenn er nicht hinreichend kritisch ausgewiesen ist: Entweder es kommt zu einem infiniten Regress, dass heißt, die Schlussfolgerungen enden nirgendwo; oder das Denken verfängt sich in einem Zirkelschluss, in welchem die Ausgangsbedingungen die Ergebnisse bereits vorwegnehmen; oder drittens, es kommt zu einem dogmatischen Abbruch des Verfahrens, an welchem dann angegeben wird, wann das autonome Denken völlig eingestellt wird.

36 Offenheit und Grenzen gehören zusammen. Wenn wir Vielfalt und Differenz wollen, dann gehört dazu immer auch eine klare Abgrenzung derer, die dazugehören, und jenen, die das nicht wollen. Offenheit ist nicht Beliebigkeit, sondern ist kenntlich und verbindlich und zeichnet sich durch die Fähigkeit zur Unterscheidung aus.

37 Unser Bewusstsein für soziale und ökologische Fragen trifft hier ständig auf eine gesellschaftliche Realität, welche ihr entgegensteht. Der Einzelne ist mit solchen Ambivalenzen dann allein gelassen und überfordert. Wir können uns nicht den ganzen Tag mit der Frage beschäftigen, ob unser Verhalten nun sozial und ökologisch korrekt ist. Das ist vielleicht der tiefere Grund dafür, dass wir mehr Institutionen, mehr an Ordnungspolitik und mehr verlässliche Anreizstrukturen benötigen, welche uns diese Arbeit abnimmt. Michael Kopatz, nennt

das ist seinem klugen Buch (2017) dann Formen der Ökoroutine.

38 Andere Menschen müssen proportional oder gar überproportional auf Anrechte, Zugangsbedingungen und Möglichkeiten verzichten, weil »wir es können« und »weil wir es nicht anders können« und weil wir es »kollektiv nicht wissen wollen«. Dieser Beschreibung einer »Externalisierungsgesellschaft« (Lessenich 2016) bzw. von sogenannten imperialen Lebensweisen (Brand und Wissen 2017) ist aber nur die Hälfte des Weges. Die zweite Hälfte handelt von den multiplen Rückkopplungsschleifen, wie sie dann in der einen oder anderen Form auf uns zurückkommen und dann von uns bezahlt werden müssen.

39 Frames sind Bilder, Rahmen, mentale Anordnungen in unserem Geist, über die wir erst denken, handeln und Entscheidungen treffen können. Ein Frame ist ein kognitiver Deutungsrahmen, innerhalb dessen wir interagieren und sprachgeleitet handeln, eigentlich immer. Wir sprechen und handeln niemals kontextfrei oder schier rational an den Fakten orientiert, sondern immer perspektivisch. Hinzu kommt, dass Frames immer an physiologische, sensomotorische, taktile Erfahrungen gekoppelt sind. Wenn wir von »begreifen«, »handhaben« oder »zurückweisen« sprechen, wenn wir über »soziale Ausgrenzung«, »Erderwärmung« oder »Wirtschaftswachstum« diskutieren, haben wir immer schon beides aktualisiert: eine kognitive Selektion und einen körperlichen Vorgang. Mit wissenschaftlichen Fakten hat

das fast nichts zu tun. Frames stellen gewissermaßen den Rahmen dar, innerhalb dessen wir uns Geschichten erzählen. Die Geschichte der Erderwärmung beispielsweise mobilisiert keine Verhaltensänderung, weil Erwärmung uns eher dazu veranlasst, uns wohlzufühlen oder dazu führt, dass wir uns ein T-Shirt kaufen. Wenn es stattdessen »Erdüberhitzung« hieße, wäre der Frame ein anderer. Die Geschichte des Wirtschaftswachstums aktiviert einen Frame im Kopf, der eher an das physiologische Wachstum eines Kindes oder die stetige Größenzunahme eines Baumes erinnert und nicht an den exponentiellen Wachstum unserer Ökonomien ohne Obergrenzen.

40 Hier ordnen sich die umfangreichen Ergebnisse der Spieltheorie und des Paradigmas des Gefangenendilemmas ein: Im Kern geht es darum, dass eine individuelle Maximierung des Nutzens ohne Berücksichtigung des anderen zu schlechteren und suboptimalen Ergebnissen führt im Vergleich zu kooperativen Strategien. In einer global vernetzten Welt wäre es schlicht unkritisch, wenn wir nicht auf Kooperationsstrategien, sondern auf isolierte individuelle Wettbewerbsstrategien setzen. Siehe hierzu Sennett (2015).

41 Dabei geht es nicht in erster Linie darum, dass man Einzelne als Repräsentanzen verschiedener Kulturen akzeptiert und jene in Einklang miteinander bringt. Es ist das Individuum selbst, welchem durch seine unterschiedlichen partikularen Identitäten, sozialen Rollen, Religionszugehörigkeit, Sprache und

Dialekt eine plurale gesellschaftliche Teilhabe ermöglicht wird. An die Stelle einer kollektiven Assimilation tritt dann ein individueller Ausgleich der verschiedenen Identitäten im sozialen Raum.

42 Hier liegen die Stärke und die Schwäche des von Thaler et al. (2008) analysierten Nudging (»Schubsen«). Nudging kann uns zeigen, wie wir bei überschaubaren Ereignissen sinnvollere und rationalere Einzelentscheidungen treffen. Es ist aber ungeeignet, um die Interaktion zwischen Menschen zu modifizieren, und noch weniger geeignet, um Systemveränderungen hervorzubringen. Nudging setzt, bevor es überhaupt stattfindet, eine wertebasierte Diskussion voraus, welche darüber entscheidet, wo es hingehen soll.

43 Wenn man dies zu Ende denkt, kommt man bei Narzissmus und Nihilismus wieder heraus. Narzissmus, weil es immer nur um die eigene Position geht, die zählt, und Nihilismus, weil es letztlich nichts mehr zu kritisieren gilt. Hier ist alles gleichwertig, die Unterschiede gehen verloren, und es gibt dann gar keine Wahrheiten, keine Fakten, keine wissenschaftlichen Erkenntnisse, keine ethischen Bewertungen von Gut und Besser mehr, sondern nur noch die eigene Meinung. Beide Kategorien sollten keinen Platz haben, wenn es um die Zukunft geht. Begleitet und kritisch kommentiert wird die Diskussion vor allem von Ken Wilber (2017).

44 Der Multikulturalismus der Postmoderne hat ein solches Gesicht:

Alle dürfen mitreden, jede Meinung zählt und ist gleich viel wert, die Ergebnisse sind zweitrangig. Hierarchien und Rangordnung, Priorisierungen und Relativierungen von Positionen gelten als suspekt. Die eigene Position, dass »alles relativ sein soll«, gilt jedoch als absolut. Anders gefragt: Was ist der Unterschied zwischen einem fastenden Franziskanermönch, einem Selbstmordattentäter, einem Pädophilen, einer autorisierten Zwangsheirat, einer Praxis zur Genitalverstümmelung, einem Biogärtner mit Selbstversorgung, einem meditierenden Eremiten, einem CEO eines Weltkonzerns und einer alleinerziehenden muslimischen Mutter mit drei Kindern? Wenn wir uns hier kein Urteil zutrauen, dann verlieren wir schlicht den Anschluss an die Offene Gesellschaft.

45 Das Konzept einer globalen Gerechtigkeit gibt es so wahrscheinlich nur in einem philosophischen Oberseminar, aber nicht in der realen Welt des 21. Jahrhunderts. Es setzt gleich zweierlei voraus: einmal vollständige Information über mögliche Verflechtungen und wechselseitige Bedingungen und zweitens politische Institutionen, an welche man ungerechte Verhältnisse adressieren kann. Beides gibt es aber nicht: Solange es keine Weltregierung gibt, gibt es auch keine Adresse, welche die Gerechtigkeit einlösen könnte; vgl. Bhagwati (2008).

46 Selbst wenn sich alles und jedes historisch als Entwicklungsgesetz auflösen lässt, so zeigt die Beschäftigung mit der Geschichte doch, dass es überdauernde und

wiederholungsstabile Muster gibt, welche sich immer erneut einstellen. Siehe hierzu etwa die Arbeiten von Charles S. Pierce (1931–1935).

47 Es gibt weitere Spielarten: den Konstruktivismus etwa, welcher von der Idee getragen ist, dass alles Ergebnis sozialer Übereinkünfte und Sprachregelungen ist; der Biologismus bzw. Materialismus, welcher uns zeigen will, dass unsere gesamte Wirklichkeit auf physikalischen, chemischen sowie physiologischen Vorgängen kausal beruht; oder auch der quantitative Empirismus, für den nur Zahlen und Korrelationen wissenschaftliche Geltung haben, oder auch der Ökonomismus, welcher uns lehrt, das menschliches Verhalten ausschließlich nutzenmaximierenden Kriterien folgt. Immer geht es darum, dass wir den Erkenntnisgegenstand zerteilen, analysieren, signifikante Ergebnisse produzieren, welche aber im realen Leben nicht immer relevant sind. Keine der Positionen ist wirklich falsifizierbar im Sinne Karl Poppers.

48 Wir wissen zwar viel und davon immer mehr, aber dabei nicht immer das Richtige, Relevante und Signifikante. Solange wir bei Megatrends der Digitalisierung (Internet, Social Media und digitalem Entertainment, selbstfahrenden Autos, Automation, 3-D-Drucker, neue Materialien, synthetischer Biologie, Internet der Dinge, Big Data, On-Demand-Geschäftsmodellen, Blockchain-Protokollen, Gesichtserkennungen und künstlicher Intelligenz) nicht hinreichend die Risiken und Nebenwirkungen für unsere reale Lebenswelt in Rech-

nung stellen, wachen wir vielleicht schneller in einer geschlossenen Gesellschaft auf, als uns lieb ist. Es gibt keinen technologischen Determinismus, und wir haben immer die Wahl, privat und individuell, aber auch systemisch und institutionell zu reagieren und alles auch anders zu machen; siehe Schwab, (2016).

49 Es gibt weitere Beispiele: den Pan-Ökonomismus, der von der Idee lebt, dass jegliches menschliche Verhalten dem Maximierungsmotiv folgt; der Psychologismus, der von der Überzeugung getragen ist, dass unsere soziale Wirklichkeit gänzlich auf mentale Vorgänge reduzierbar ist, sowie politische und religiöse Fundamentalismen, welche als sinnstiftende Totalerklärungen von allem und jedem auftreten, mit dem normativen Anspruch zu wissen, was richtig und falsch, gut und böse ist. Für alle gilt die Verweigerung, sich einer öffentlichen, wissenschaftlichen und kritischen Auseinandersetzung zu stellen.

50 Es gibt weitere und subtilere Freunde einer geschlossenen Gesellschaft, die auf den ersten Blick nicht auffallen, aber dennoch wirken: so etwa die Ablehnung der Naturheilverfahren durch die konventionelle Schulmedizin oder die chronische Verweigerung, wissenschaftliche Fakten für einen interreligiösen Dialog zu nutzen, oder auch die fehlende Berücksichtigung der Ergebnisse der Neurowissenschaften für die Gestaltung von pädagogischen Lehrplänen. Noch tragischer wird es etwa bei der Veränderungsresistenz von makroökonomischen Modellen

gegenüber wissenschaftlich empirischer Evidenz.

51 Dies nennt man den Dunning-Kruger-Effekt: Wir denken ständig, dass wir mehr wissen, als wir eigentlich wissen. Wissen ist aber immer vorbehaltlich, fragil und vorläufig, aber eben nicht beliebig, sondern im Prozess der Falsifikation und der Kritik ständig verbesserungs- und anpassungsfähig. Wissenschaft kann uns helfen, die eigenen Grenzen des Denkens ständig zu revidieren und hinauszuschieben, aber wohl nicht zu überwinden. Die Wiederholung von Falschaussagen (Fake News), obwohl sie allen bekannt sind, führt ebenfalls nicht zu einer Verhaltensänderung, sondern im Gegenteil: Die bloße Wiederholung einer offensichtlich falschen Aussagen bestärkt jene; siehe Pennycook et al. (2017). Was hier hilft, sind nicht Dementi, sondern kohärente und überzeugende Narrative. Die Offene Gesellschaft ist ein solches Narrativ.

52 Alle heutigen Menschen stammen – gemäß einer Genanalyse der RNA der Mitochondrien – von sieben Müttern ab, welche vor circa 75 000 Jahren im Simbabwe gelebt haben müssen. Das ist nun, nach wissenschaftlichen Erkenntnissen betrachtet, ein Fakt, welchen man zwar unterschiedlich deuten kann, aber eben keine Fiktion, kein Fake und kein Fantasiegespinst (also auch keine soziale Konstruktion). Siehe hierzu Sykes (2001).

53 Wir publizieren weltweit circa fünf bis sieben Prozent der Forschungsaktivitäten und hier vor allem positive und signifikante Befunde. Um die Fehlerfreundlichkeit zu erhöhen, wird es in Zukunft wichtiger werden, den kompletten Wissenschaftsbetrieb gleichsam online abzubilden. Und dann geht es auch um missglückte Ergebnisse, methodische Fehler, Fehlinterpretationen, Primär- und Sekundärdaten und vorläufige Gedankenexperimente. Das alles ist auch schon Forschung. Wie das heute bereits funktionieren kann, zeigen www.cochranelibrary.com.

54 Vgl. Girardet (1999) und Picketty (2016).

55 Die Verwissenschaftlichung gesellschaftlicher Vorgänge und die daraus entstehenden Widersprüche sind nicht ihre Schwäche, sondern ihre Stärke. Zahlreiche politische Fragestellungen lassen sich ohne Rückgriff auf wissenschaftliche Evidenz gar nicht hinreichend erkennen und korrigieren, so etwa die Fortschritte der modernen Medizin, ökologische Veränderungen wie Erderhitzung, finanzökonomische Fragen in der Erhebung von Steuerprofilen oder auch Entdeckungen im Bereich der Nanotechnologie, Genomchirurgie oder Brainchips. In diesem Sinne wird Wissenschaft zu einer letzten Instanz.

56 Im Grunde genommen kann man hier zwei Lesarten vornehmen, eine entwicklungsgeschichtliche und eine paradigmatische Lesart. In der Ersten geht es darum, dass offene gesellschaftliche Verhältnisse aus geschlossenen entstehen. Das heißt, Menschen leben zuerst in geschlossenen Verhältnissen und entwickeln sich dann weiter. Offene Gesellschaften sind dann die spätere

Entwicklungsform. Geschlossene Gesellschaften sind grundlegender, so wie Atome oder Zellen grundlegender sind als Organe oder Spezies. Die Offene Gesellschaft ist dagegen bedeutsamer. Während geschlossene Verhältnisse die Wirklichkeit fragmentarischer, perspektivischer und isolierter abbilden, sind offene Verhältnisse dagegen umfassender, sie transzendieren und inkludieren frühere Stadien. Mit dieser evolutionären Sichtweise wird betont, dass wir alle auch das Potenzial in uns tragen, wieder in geschlossene Verhältnisse zurückzufallen. Wir kennen unsere eigene Geschichte. In der zweiten, paradigmatischen Lesart wird der normative Unterschied zwischen beiden betont. Die Offene Gesellschaft ist integraler, multiperspektivischer, vollständiger, aber damit eben auch besser. Kurz: Obwohl jede Offene Gesellschaft immer historische, geografische Wurzeln hat und damit nie neutral ist, gelingt es ihr, jene regelmäßig zu transzendieren und so erst die Voraussetzungen für reziproke Toleranz, Solidarität und Freiheit zu schaffen. Und so werden wir uns in der Offenen Gesellschaft zutrauen müssen, dass ein Zusammenleben nicht nur anders, sondern auch besser sein kann.

57 Es gibt hier mindestens zwei Formen von Unsicherheiten: einmal jene, bei welcher wir nicht wissen, was wir nicht wissen. Dies ist typisch für nichtlineare und chaotisch komplexe Systeme. Im anderen Fall geht es um die Wahrscheinlichkeit, mit der ein Ereignis eintritt oder auch nicht, wie etwa beim Roulettespiel. Offene Gesellschaften

beschreiben Vorgänge gegenüber Unsicherheiten der ersten Art. Das ändert fast alles, wenn man es wirklich richtig machen will.

58 Hier insbesondere die Arbeiten von Campbell (1975), Cassirer (1997), Gebser (1966), Jaynes (1976), Neumann (1968), Whyte (1947). Alle Autoren beschreiben den Übergang von einem präpersonalen, sprich kollektivistischen, zu einem personalen, sprich kritischen Bewusstsein. Und bei allen Autoren geht es darum, dass aus einer geschlossenen Gruppenzugehörigkeit eine offene und nach vorne gerichtete Entwicklung wird.

59 Man nennt solche evolutionären Schritte in Anlehnung an den empirischen Entwicklungspsychologen Jean Piaget auch »Piaget-Denken«. Gemeint ist, dass wir uns eingestehen, dass unser jeweils erreichter Reflexionsstand zwar kohärent mit unserem aktuellen Entwicklungsstand ist, aber die Entwicklung selbst auch darüber hinausweisen kann.

60 Der Ablehnung von Hierarchien und Prioritäten liegt das Argument zugrunde, dass überall versteckte Herrschaftsverhältnisse und Unterdrückungen vorlägen. Geschlossene Verhältnisse unterdrücken nicht globale Vielfalt, universelle Pluralität, reziproke Toleranz und gesellschaftliche Offenheit, sondern sie sind – entwicklungspsychologisch – noch gar nicht hinreichend dafür ausgebildet, global und universell adäquat zu handeln und zu reagieren. Mitglieder von geschlossenen Verhältnissen lieben ihre Familien, ihre Gruppe, ihr Land, ihre Reli-

gion *wirklich*, aber ihnen fehlt die Voraussetzung für ein integratives, kritisches Bewusstsein, für ein globales Denken und Zusammenleben. Anders: Mitglieder einer geschlossenen Gesellschaft unterdrücken jene der Offenen Gesellschaft nicht, sondern sie kennen sie nicht hinreichend und können jene Werte nicht schätzen.

61 Terror und asymmetrische Kriege auf der einen Seite und die neonationalistischen Rechten auf der anderen Seite bedingen sich gegenseitig. Gäbe es die Ersten nicht, wären die Zweiten gesellschaftspolitisch bedeutungslos. Dies heißt, wir müssen in einem öffentlichen Diskurs um asymmetrische Kriege und Terror darauf achten, dass sie nicht zu einer Methode gegen die Offene Gesellschaft werden; gleichsam zu einer Falle, in welche wir geraten können, wenn wir vorrangig militärische repressive und nicht zivilgesellschaftliche Lösungen bevorzugen.

62 *Shifting baseline* kann in beide Richtung gehen. Die vielen guten Dinge, welche passieren, erleben wir als selbstverständlich (sie sind es aber nicht), und die vielen unguten und schlechten Entwicklungen nehmen wir rasch hin (das sollten wir aber nicht). Siehe hierzu vor allem Rosling (2018).

63 Wenn wir unsicher sind, ob es wirklich geschlossene Verhältnisse sind, dann sollten wir an der Stelle auf folgende Big Five achten: Homophobien, Verleugnung der Evolutionstheorie und/oder des Klimawandels, ethnische und religiöse Monokulturen mit fundamentalis-

tischen Tendenzen sowie Probleme mit der Gleichberechtigung der Geschlechter.

64 Wenn man anfängt, den Diskussionsstand der Entwicklungspsychologie und vergleichenden Anthropologie mit zu berücksichtigen, verlaufen nahezu alle relevanten Erlebnis- und Bewertungsformen (Motivation, Affekte, Kognition, Sensomotorik, Moral) nach abgrenzbaren Ebenen und Stufen. Je nach Autor und Differenzierungsgrad werden dann unterschiedliche Begriffe verwendet. An der Sache ändert sich aber nichts. Unser Denken, unsere Wahrnehmung und unsere emotionalen Bewertungen unterliegen einem Entwicklungsgedanken. Jede der Ebenen folgt einer eigenen Logik, Welt- und Selbstsicht. Der Bewusstseinsschwerpunkt der jeweiligen Ebene bestimmt dann den Stand der Technologie, die Form der Politik, die Art des Wirtschaftens und den Zustand, wie man über sich und die Welt und den anderen nachdenkt und zusammenleben will. Am Übergang von geschlossenen zu offenen gesellschaftlichen Verhältnissen wird dies besonders deutlich; siehe dazu Brunnhuber (2016).

65 Man spricht hier vom sogenannten Seneca-Effekt: »Es wäre ein Trost, wenn alles mit derselben Langsamkeit zugrunde ginge, wie es entsteht, aber es geht nur langsam voran, während der Ruin schnell kommt«, heißt es. Siehe mit zahlreichen Beispielen von sogenannten Tipping Points oder Kippeffekte, die sich einstellen, wenn wir auf nichtline-

are, exponentielle Entwicklungen treffen, etwa Bardi (2017).

66 Die Einsicht, dass unser Denken unvollständig ist, kann auf namhafte Autoren zurückgreifen und begegnet uns dann auf unterschiedlichen Ebenen, bei Kurt Gödel in der formalen Logik, bei Werner Heisenberg in der theoretischen Physik, bei John Maynard Keynes in der Ökonomie und bei Sigmund Freud in der Psychologie. Alle genannten Autoren zeigen wirkungsgeschichtlich fast zeitgleich, dass es eine Komplettdarstellung innerhalb des jeweiligen Systems oder der Disziplin (Logik, Ökonomie, Physik, Psychologie) nicht konsistent geben kann. Stattdessen verweisen alle Autoren darauf, dass systemimmanente Aussagen immer an systemexterne Variablen zurückgebunden sind, um den Anspruch auf Wissenschaftlichkeit und Objektivität nicht zu verlieren. Diese Denkfigur ist den genannten Autoren analog. Es sind entweder eine logische Metaebene, das Alter Ego, der Staat oder der Beobachter, welche jene Objektivität garantieren bzw. wiederherstellen. Geschlossene Systeme sind holistische Systeme, weil sie die prinzipielle Möglichkeit einer Gesamtdarstellung fordern. Offene Systeme dagegen sind kritische Systeme, weil sie die prinzipielle Unabgeschlossenheit postulieren. Karl Poppers Modell der Offenen Gesellschaft reiht sich hier ein.

67 In Anlehnung an Immanuel Kants »kategorischen Imperativ« spricht man hier von einem »falliblen Imperativ«: »Handle so, dass dein Tun und deine Reaktionen jederzeit kritisierbar und korrigierbar bleiben.«

68 Wir müssen dabei immer schneller werden, nur um den Status quo zu halten. Dies betrifft alle Lebensbereiche, von der Technik (Produktivität, Wachstum) über den sozialen Wandel (Mode, Flexibilität) bis hin zum allgemeinen Lebenstempo (Fast Food, Fast Dating). Und alle verstärken sich gegenseitig. Diese Beschleunigungs- und Steigerungslogik erklärt einen erheblichen Teil unserer Beziehung zur Welt und zu uns selbst und stellt im Grunde eine säkulare Antwort unserer Zeit auf die Ängste der eigenen Endlichkeit dar. Siehe hierzu Rosa (2016).

69 Vgl. Daly (2005).

70 Zu den vier wichtigsten gesellschaftlichen Tabus und *hidden agendas* gehören Sex, Macht, Tod und Geld. Zu allen vier Themen gibt es zahlreiche Narrative und Erzählungen: »Was der richtige Sex ist …«, »Wie Macht sich konstituiert und wieder verloren geht …«, »Was nach dem Tode kommt …« und »Wie unser Geldsystem funktioniert …«. Viele dieser Narrative halten ein rational-kritische Betrachtung nicht stand. Der kritische Diskurs kann hier nicht zwangsläufig eine letzte Antwort geben, aber alle Auseinandersetzungen um jene vier Tabus werden im Lichte einer kritischen Auseinandersetzung wahrhaftiger, authentischer und ehrlicher geführt werden.

71 »Wenn die Freiheit Einzelner verwirklicht ist, stellt sich die Wahrheit gleichsam von selber ein«, so das bekannte Argument von Richard

Rorty. Das Umgekehrte gilt wohl auch: Wenn uns die Freiheit verloren geht, dann geht uns zuerst die Wahrheit abhanden. Wahrscheinlich sind die Debatten um Fake News, Fiktionen und um das postfaktische Zeitalter ein Symptom dafür, dass wir die Freiheit über uns und unser Leben zu verlieren drohen.

72 Unter Normal- und Standardbedingungen würde *jeder* Mensch wohl genau jene Forderung aufstellen. Es gibt also so etwas wie eine Priorität im sozialen Nahraum und damit eine Ungleichbehandlung anderer. Das ist nicht trivial. Das heißt etwa, dass Autonomie und Selbstbestimmung höher stehen als generelle Gleichbehandlung. In einer vernetzten Welt mit Grenzen sind wir folglich im Nahraum immer mit universellen Auswirkungen konfrontiert, ob wir das wollen oder nicht.

73 Siehe hierzu vor allem die Arbeiten von Richard H. Thaler (2009 und 2016), der dafür den Nobelpreis für Ökonomie 2017 bekommen hat: Psychologische Mechanismen wie Mental accounting, Framing, Anchoring, Endowment-Effekte und vieles mehr zeigen, dass wir zwar ständig das Gefühl haben, rational zu sein und das Richtige zu tun. Bei Licht besehen, sind die meisten unserer Entscheidungen aber verzerrt, irrational und schlicht falsch.

74 Das Wissen, welches sich auf empirische Zusammenhänge bezieht, ist immer unvollständig, unfertig und flüchtig. Wissenschaftliche Evidenz ist in diesem Sinne immer offen, da sich stets unendlich viele Permutationen und Korrelationen herstellen lassen. Dennoch spricht dies nicht gegen den empirischen Wissenschaftsbetrieb, sondern für ihn.

75 Die kritische Vernunft hat eine generative Struktur, das heißt, sie entwickelt sich und schafft so immer wieder neue Antinomien und Gegensätze, Paradoxien und Widersprüche. Dies gilt für die Einzelperson, also ontogenetisch, sowie für Gesellschaften, also phylogenetisch.

76 Die Kritik betrifft auch die Medien und Berichterstattung selbst. Noam Chomsky und Edward S. Herman (1988) nennen bereits 1988 fünf mögliche Verzerrungen, welche sich auf die Darstellung, Wahrnehmung und Verbreitung von Nachrichten auswirken können. Hierzu zählen die Offenlegung von Eigentümerverhältnissen, der Einnahmequellen durch Werbung, die Quellennachweise der gemeldeten Information, die Klärung des weltanschaulichen Hintergrunds sowie der Umgang mit Kritik und Widerspruch.

77 Der Begriff »postfaktisches Zeitalter« gilt als internationaler Begriff des Jahres 2016. Er beschreibt den Umstand, dass Menschen in Politik und Gesellschaft ihre Entscheidungen nun nicht mehr an objektiven Fakten, sondern an Gefühlen und Empfindungen ausrichten. Der Begriff »postfaktisch« impliziert zudem, dass wir früher einmal in einer faktischen Gesellschaft gelebt haben müssen, von der wir uns nun verabschiedet haben. Diese Diagnose ist allerdings falsch, und dies gleich mehrfach. Zunächst: Wir haben noch nie in einer faktischen Welt gelebt. Wenn dem so wäre,

dann hätten wir keine globale Erwärmung und kein Artensterben,
keine Luftverschmutzung und keine
Ungleichverteilung bei den Vermögen und Einkommen. Wir hätten
nicht einmal Armut und Arbeitslosigkeit. Denn wir wissen, dass
die wissenschaftlichen Fakten zur
Klimaüberhitzung, zum Verlust der
Biodiversität wie auch zum Thema
asymmetrischer Verteilungen von
Wohlstand eigentlich faktisch unbe-
stritten sind. Kurz, wir wissen faktisch, dass sich die Welt überhitzt,
aber wir handeln nicht danach. Wir
wissen faktisch, dass wir so nicht
weiterwachsen können, aber wir
wollen es irgendwie nicht wissen.
Und wir wissen faktisch, dass die
Ungleichverteilung der Vermögen
galaktisch auseinanderdriftet. Aber
faktisch haben wir keine Ahnung,
wie wir das ändern wollen. Alles
Fakt. Das heißt, wir haben eine robuste, empirische, wissenschaftliche
Evidenz, was wir alles nicht wollen,
und dennoch ändern wir uns nicht.
Mit den Fakten hat das eben gar
nichts zu tun, aber mit etwas anderem, nämlich mit Frames (siehe
Anmerkung 38).

78 Zwei Drittel dieser Menschen werden in Asien leben. »Mittelschicht«
bedeutet für globale Ressourcen-
ströme einen Zuwachs an Mobilität,
Fleischkonsum sowie haushalts-
naher Geräte, wie wir dies vom
westlichen Wohlstandsmodell her
kennen. »Mittelschicht« heißt aber
auch, dass ihre Mitglieder mehr Er-
wartungen und mehr Forderungen
an Bildung, Gesundheit und urbane
Infrastruktur haben. So werden
die nächsten 40 Jahre 75 Prozent

der Weltbevölkerung in Städten
leben. Von den dafür notwendigen
450 Megacities sind 80 Prozent
noch gar nicht gebaut.

79 Wie das geht, zeigt Alberto Acosta
(2017) für Ecuador.

80 So haben Forscher der ETH in
Zürich bereits 2007 festgestellt, dass
von über 43 000 international täti-
gen Unternehmen 147 bereits über
40 Prozent des Beteiligungen halten.
Siehe Buchter (2015).

81 Dies trifft auch auf die Beziehung
und den Umgang mit der Natur
sowie spätere Generationen zu.
Artensterben, Verlust an Biodiversität gefährden offene Verhältnisse
genauso wie flächendeckende land-
wirtschaftliche Monokulturen.

82 So gilt auch hier das Thomas-Theo-
rem: Wenn eine Situation als wirklich eingeschätzt wird, sind seine
sozialen, gesellschaftlichen und
psychischen Konsequenzen ebenfalls wirklich. Siehe hierzu Thomas
(1928).

83 Es gibt einen empirisch interes-
santen und für das Verhältnis von
personaler Identität und Kritik
wichtigen Zusammenhang. Die kritische Urteilskraft, welche man der
personalen Identität zuordnet, setzt
ein gehöriges Maß an konsolidier-
ten Gedächtnisleistungen voraus.
Jene wiederum fordern neben regel-
mäßigem Üben, sensomotorisch-
gestützten Erfahrungen (*embodied
cognition*), ein nachhaltiges Interesse
am Erkenntnisgegenstand. Dies
trifft für den Einzelnen wie auch für
die Gemeinschaft zu. Daraus folgt,
dass wir für eine kritische Urteils-

kraft nicht nur Zukunftskompetenzen und Skills benötigen (also nach vorne schauend leben), sondern auch eine Form der Herkunftskenntnis, das heißt ein historisches Bewusstsein, entwickeln (also rückblickend verstehen, was wir gemacht haben). Die informationelle Überforderung unseres Geistes durch Dauerdigitalisierung hilft uns zwar, dass wir über alles etwas sagen können, letztlich aber nichts mehr richtig speichern, noch weniger erinnern und schließlich unseren kritischen Verstand verlieren. Siehe hierzu auch Osten (2006).

84 Politik wird dann zu »Identitätspolitik«, wenn sich ihr Gehalt damit bereits inhaltlich hinreichend legitimiert, dass jede Minderheit ihre Zugehörigkeit und Stimme zur Geltung gebracht hat. Wenn sich Politik darin erschöpft, geht gerade das verloren, was einen Kern ihres Anliegens ausmacht: die Integration und die Versöhnung von Gegensätzen. Es sind die Lobby- und Identitätspolitik jeweils links und rechts der politischen Mitte, welche den neonationalistischen Strömungen der letzten Dekade Geltung verschafft haben. An die Stelle der Lösung von sozialen Problemen der Mehrheit treten stattdessen isolierte Positionsinteressen und Minderheitenrechte. Hier treffen dann Interessenvertretungen einzelner Industriezweigen (Agrar-, Banken-, Energie-, Gesundheitslobbyisten) auf der einen Seite auf die Agenda von Minderheiten wie etwa der von homosexuellen Paaren für die rechtliche Gleichheit ihrer Partnerschaft und auch der Ruf nach

spezifischen Transgendertoiletten. Beide haben recht. Der kleinste gemeinsame Nenner hilft aber beiden Seiten nicht. Das Lobbying für immer weiter ausdifferenzierte Minderheitenansprüche hilft also nicht weiter, stattdessen aber die Suche nach Gemeinsamkeiten. Der Kampf um Armut und Elend, um Naturschutz und sozioökonomische Teilhabe oder auch das Eintreten gegen Gewalt haben genau jenen gemeinschaftsstiftenden Stellenwert. Siehe zur aktuellen Diskussion etwa Lilla (2017).

85 Der Soziologe Niklas Luhmann (1993) nennt den Umgang mit Ungewissheit, Fehlerhaftigkeit und Unfertigkeit Formen der Bewältigung von Kontingenzen und meint damit etwas, das weder notwendig noch unmöglich ist. Die Offene Gesellschaft ist wohl genau dies: weder notwendig noch unmöglich.

86 So bereits Ralf Dahrendorf in seinem wichtigen Buch (1992), wo er drei Aspekte der Bürgergesellschaft nennt. Die Pluralität und Vielzahl von Vereinigungen und Verbänden, ein hohes Maß an Autonomie derselben (von der kommunalen Selbstverwaltung bis hin zu Privateigentum) und schließlich drittens Tugenden wie Toleranz, Achtung und gegenseitige Anerkennung.

87 Politik in der Offenen Gesellschaft ist eben nicht nur das passive Einsammeln von Mehrheiten, sondern ist zugleich auch mit dem Auftrag verbunden, die Offenheit von gesellschaftlichen Verhältnissen zu garantieren und einzufordern. Daraus ergibt sich für Mandatsträger nicht

nur die Aufgabe, das wiederzuge-
ben, was der Souverän will, sondern
immer wieder aufzuzeigen, wie
offene gesellschaftliche Verhältnisse
auch in Zukunft weiterhin garantiert werden. Kritische Politik in
einer Offenen Gesellschaft wird hier
proaktiv, führend, vorausschauend,
klärend und defensiv, wenn jene
Zielsetzungen infrage gestellt sind.

88 Exit (Abwanderung) und Voice
(Stimme) sind die beiden Möglichkeiten, sich politischen Regimen
zu entziehen. Das heißt durch die
Abwahl einer Regierung sowie
durch Abwanderung. Siehe hierzu
auch Hirschman (1970).

89 Barbara R. Jasny et al.: *Tipping
points in social convention*,
Science, Vol. 360, 2018, Issue
6393, pp. 1082, DOI: 10.1126/
science.360.6393.1082-d.

90 Es war Amartya Sen, der sich schon
sehr früh gegen einen idealtypischen
Ausgangspunkt und gegen eine
Optimierungsstrategie zwischen
Einzelinteressen und Gemeinwohl
ausgesprochen hat. Siehe Sen
(1970, 1977, 2009).

91 Siehe Taghizadegan (2017).

92 Hinzu kommt wohl, dass Preise auf
Wettbewerbsmärkten nur eine von
mindestens fünf möglichen Ent-
scheidungsformen darstellen. Hinzu
kommen demokratische Mehrheits-
beschlüsse, hierarchisch-autoritäre
Entscheidungen, verwaltungs- und
ordnungsrechtliche Maßnahmen sowie diplomatisch-verhandlungstak-
tisches Vorgehen; siehe Frey (1992).
Auch wenn freie Märkte über die
Preis-Mengen-Regulierung vielleicht

die effizienteste Methode darstellen,
welche die Menschheit zur Entschei-
dungsfindung heranziehen kann,
so haben sie doch mindestens drei
Schwächen: Sie reagieren kurzsichtig, sind gegenüber Verteilungseffek-
ten unsensibel, und sie sind ziel-
blind. Das heißt, Märkte sind nicht
effektiv, sondern nur effizient. Sie
können auch effizient das Falsche
verteilen. Damit Märkte effektiv
sind, das heißt, ihre Allokation auf
ein bestimmtes Ziel hin gelenkt
wird, bedarf es der Ordnungspolitik.

93 Die zentrale Frage ist hier: Wofür
werden die knappen finanziellen
Mittel unter Unsicherheit, begrenzten Ressourcen, einem limitierten
Zeitfenster und einem immer unvollkommenen Informationsstand
ausgegeben? Es sind in einer Offenen Gesellschaft nicht individuelle
und kollektive Optimierungsstra-
tegien, sondern in erster Linie die
Begrenzung von sozialen und ökologischen Schäden. Ökonomisch
geht es hier vor allem um Return
on-Investment-(ROI)-Analysen
bzw. Kosten-Nutzen-Analysen bei
öffentlichen Gütern. Welche Projekte dann umgesetzt werden, ist
allerdings keine ökonomische Entscheidung, sondern Ergebnis einer
zivilgesellschaftlichen Auseinandersetzung. Etwa: Wenn die Analyse
zeigt, dass wir für 1 Dollar Investi-
tion in Frühförderung bei Kindern
unter vier Jahren einen ROI um den
Faktor 10 bis 15 bekommen, für
den Einsatz von Malarianetzen den
Faktor 5 und für maternale, sprich
mütterliche Gesundheit den Faktor 50, dann wird es weiterhin eine
zivilgesellschaftliche Entscheidung

sein, welche Ziele man bevorzugt. Siehe zur Diskussion auch www. kopenhagen-consensus.org.

94 Siehe hierzu Nida-Rümelin (2011). Es ist nicht nur anstrengender, sondern wohl auch nicht lebenswert, wenn man seine komplette Lebenswelt nach dem Kriterium der ständigen Nutzenmaximierung organisiert. Dies hieße, dass jeder eingegangene Kontext, jede soziale Bindung und jede Bedürfnisstruktur bei jeder neu zu verhandelnden Maximierung des Nutzens immer wieder aufs Neue zur Disposition stehen. Ich glaube, das kann niemand ernsthaft wollen.

95 Neben der Klassik (A. Smith, T. R. Malthus, J. B. Say) und Neoklassik (C. Menger, I. Fisher) gibt es mindestens noch ein halbes Dutzend weiterer Schulen: Marxisten, die deutsche historische Schule, die österreichische Schule, Keynesianer, Monetaristen (M. Friedman), Ordoliberale (W. Eucken), Institutionalisten, Rational Choice-Ökonomen, die ökologische Ökonomie (N. Georgescu Roegen, H. E. Daly) oder auch die russische Schule (N. Kondratieff). Man kann hier schnell den Überblick verlieren. Karl Popper steht bekanntlich der österreichischen Schule inhaltlich am nächsten. Entscheidend ist für das Modell der Offenen Gesellschaft, dass sie keine neoklassische Position vertritt, der Staat eine zentrale Funktion hat, Märkte instabil sind und öffentlich finanzierte soziale Sicherungssysteme von Bedeutung sind.

96 Der ständige Verweis auf die Schriften von David Ricardo und Adam Smith als die Begründer der Theorie Marktwirtschaft hat mit dem real existierenden Kapitalismus vielleicht so wenig gemeinsam wie die Hexenverbrennung und die Inquisition mit dem Christentum.

97 Nicht *alles* ist sozial konstruiert und gegeben, kontextuell und partikular, relativ und historisch einmalig, sondern einige jener Werte und Tugenden sind eben *auch* und zugleich universell und global gültig. Siehe grundlegend hierzu Sellars (1997).

98 Zunahme der Binnenkomplexität und Stabilität von Systemvariablen sind die beiden wichtigsten Ergebnisse der Systemforschung, wenn es um die Frage geht, wie man offene, nichtlineare System stabilisieren kann. Beide schaffen ihre eigene innere Ordnung jenseits des Chaos.

99 Bekanntlich wird zwischen kommunitären, eher kontextuellen und liberalen, eher universellen Werten unterschieden. Das Argument der Ersten (W. Sandel, M. Walzer, A. MacIntyre, D. Miller) ist, dass unser gesellschaftliches Zusammenleben zu komplex ist, als dass es sich auf einige wenige Prinzipien reduzieren und verallgemeinern ließe. Stattdessen gilt, dass es nur sinnvoll vermittelte Werte und Tugenden innerhalb von kontextuellen, partikularen, historischen und geografisch begrenzten Räumen gibt. Das, was in einer Familie zählt, gilt schon nicht mehr für die Nachbarschaft. Und so funktionieren Politik, Markt und Zivilgesellschaft alle nach anderen Rationalitätsstandards, Religion und Wissenschaft wieder anders.

Überall gilt, dass sie alle nur von innen her verstehbar sind und keinen universellen, allgemeinen Prinzipien folgen können. So ist etwa klar, dass man das eigene Kind in der finanziellen und moralischen Unterstützung gegenüber einem noch nicht geborenen Kind in einem fremden Teil der Welt bevorzugt. Es gibt also eine normative Priorität des geografischen und zeitlichen Nahraums. Gleichzeitig ist es intellektuell zumutbar, dass gerade diese Formen der gestuften und hierarchischen Verantwortung und Präferenzbildung für *alle* Menschen gelten sollten. Unter Standardbedingungen würde *jeder* Mensch wohl genau so vorgehen, überall und immer. Das nennt man dann einen universellen Wert. Es gibt also Werte, Tugenden und Prinzipien, welche zwar partikular, aber eben nicht nur partikular sind, sondern auch universell.

100 Das klingt trivial, ist aber sozialpsychologisch doch voraussetzungsvoll. Es setzt nämlich die Fähigkeit zu reziproker Toleranz (»Ich bin nicht deiner Meinung, aber ich kämpfe dafür, dass du jene auch weiterhin sagen kannst«) voraus, welche mit den verschiedenen Formen subsidiärer Hilfe und mit der Fähigkeit zu einem mentalen Rollenwechsel einhergeht.

101 Keiner sollte von der großen Politik fordern, was er nicht auch im persönlichen Nahfeld für sich hinreichend umgesetzt hat oder zumindest bereit wäre umzusetzen. Vielleicht müssen wir an der Stelle uns zuerst selbst ändern, bevor sich die Politik ändert. Die demokratisch gewählten Mandatsträger sind bekanntlich im Durchschnitt niemals besser als jene, welche sie wählen.

102 Hier trifft man fast zwanglos auf die von Max Weber eingeführte Unterscheidung von Verantwortungs- und Gesinnungsethik. Bei der Ersten geht es darum, dass man die Folgen des eigenen Tuns mit berücksichtigt, bei der Zweiten geht es vorrangig um die Einstellung zum Tun. Kritisches Denken kennt beides.

103 Der Gedanke der Offenheit ist in der philosophischen Literatur zunächst im Bereich der Anthropologie formuliert worden. Bei Helmut Plessner (1928) oder Max Scheler (1928), aber auch bei Arnold Gehlen (1940) steht Offenheit (trotz unverkennbarer Unterschiede in den anthropologischen Standpunkten) für die *differentia specifica* des Menschen gegenüber dem Tier: Der Mensch ist nicht nur durch seine Triebe und Instinkte, die ihn an Außen- und Umweltreize binden, gekennzeichnet, sondern besitzt die Fähigkeit, sich von der Umwelt wie auch von sich selbst zu distanzieren und eine kritisch-reflexive Haltung einzunehmen. Die Autoren schaffen damit die anthropologischen Voraussetzungen für ein besseres Verständnis dieser wichtigen philosophischen Kategorie. Es ist wohl im Wesentlichen Karl Popper zu verdanken, diesem Begriff der Offenheit eine sozialphilosophische Dimension gegeben zu haben.

104 Von »repressiver Kritik« kann man sprechen, wenn die Nebenwirkungen und Folgen kritischer Auseinandersetzung nicht hinreichend berücksichtigt und thematisiert,

eben repressiv gehandhabt werden. Damit werden beispielsweise die Errungenschaften, welche durch den Einsatz kritischen Denkens erreicht wurden, diskreditiert. Das ist vielleicht der wichtigste Grund dafür, dass Karl Popper Kritik immer selbstbezüglich verstanden hat.

105 Etwa Fauconnier und Turner (2008) oder auch McGilchrist (2009).

106 Diese »große Regression« beschreibt einen Rückfall hinter ein vermeintlich erreichtes zivilisatorisches Niveaus, bei welchem wir geglaubt haben, seiner sicher zu sein. Hierzu gehören Zäune und Schießbefehle, unilaterale nationalistische Deglobalisierung, Verleugnung wissenschaftlicher Fakten ebenso wie statistische Taschenspielertricks (Armuts- und Wachstumsstatistik) oder auch eine allgemeine Verrohung des öffentlichen Diskurses, ständige Empörungen über die Empörung usw., um dann schließlich in einer regionalen Identität seine innere Ruhe gefunden zu haben. Ralf Dahrendorf hat in einer weitsichtigen Analyse bereits 1998 davon gesprochen, dass das 21. Jahrhundert ein Jahrhundert des Autoritarismus werden könnte.

107 Menschen haben in der Regel viele Teilidentitäten mit zahlreichen Überschneidungen. Immer wird es eine Teilidentität geben, die gerade nicht die hinreichende gesellschaftliche Anerkennung bekommt. Das ist unvermeidbar. Sinnvollerweise wird es darum gehen, jene Teilidentitäten ins Gleichgewicht zu bekommen, statt für jede von ihnen einen eigenen Morgenkreis oder eine Selbsterfahrungsgruppe zu bilden. Die

Offene Gesellschaft interessiert sich hier nicht nur für die Wahrung von Minderheiten, sondern auch für die Wahrung dessen, was uns alle verbindet.

108 Siehe ausführlicher Dreier (2018).

109 https://de.wikipedia.org/wiki/ Washington_Consensus.

110 So gibt es bekanntlich mehrere Formen des Sozialstaatsprinzips: das skandinavische Modell mit progressiver Besteuerung und hohen inklusiven Sozialstandards; das kontinentaleuropäische Modell mit individueller Versicherung und Solidaritätsprinzip; das südeuropäische Modell, welches vor allem auf Altersabsicherung abzielt, sowie das eher angelsächsische Modell mit subsidiärer Armenhilfe.

111 Auch wenn die Ursachen für Hunger und Elend empirisch auch auf lokale Kriege, Korruption und Staatsversagen zurückzuführen sind, so spielen immer auch der Verfall der Rohstoffpreise sowie zahlreiche weitere globale Vernetzungen eine Rolle. Damit sind wir alle in der Pflicht. Siehe hierzu Pogge (2011).

112 Der Effektive Altruismus ist eine Fortsetzung der Gedanken Karl Poppers zum negativen Utilitarismus und stellt eine Weiterentwicklung der klassischen Wohlfahrt, Spendentätigkeit oder Transferzahlungen dar. Im Kern geht es darum, wie unter Unsicherheit und knappen Ressourcen ein Maximum an Wohltätigkeit möglich ist. Ein solches Maximum lässt sich nur durch eine Priorisierung von Zielen erreichen. Das zentrale Argument

lautet: »Wenn es in unserer Macht steht, Leid zu vermindern, ohne dass dabei etwas Vergleichbares geopfert werden muss, so sollten wir dies auch tun.« Armutsbekämpfung, Überwindung der Massentierhaltung und das Engagement für die Zukunft der Menschheit stehen dabei ganz oben. Hinzu kommt die Veränderung des eigenen Lebensstils (*earning to give*) sowie sogenannte Metaaktivitäten. So kann sich herausstellen, dass ein Engagement für die Veränderung der Spielregeln und Gesetze wichtiger ist als Wohltätigkeit selbst. Siehe hierzu etwa Singer (2009) und Pogge (2010).

113 Es gibt einen grundlegenden gesellschaftlichen Unterschied zwischen der Hilfe bei Katastrophen, einer systematischen Umverteilung und der Diskussion um eine Reform des Systems. Beim Ersten geht es um subsidiäre Hilfe, beim Zweiten um Steuern, Abgaben und Spenden und beim Dritten um eine andere Ordnungspolitik. In der Offenen Gesellschaft geht es vor allem um das Dritte.

114 So leben viele Flüchtlinge in gleichgearteten sozialen Verhältnissen. Es lässt sich spannungsfrei auch ein Zustand denken, bei welchem wir zwar alle absolut arm und depriviert, aber doch gleich sind. So argumentiert Harry G. Frankfurt (2016): Der ökonomische Egalitarismus, also die Idee, dass alle Menschen gleich viel haben müssen, ist nicht identisch mit der Forderung nach Suffizienz und Subsistenz. Hier geht es um Respekt, Menschenrechte, Achtung, Basisgüter, Chancen und Möglichkeiten, welche unveräußerlich, unparteiisch, gleichsam absolut allen Menschen zur Verfügung stehen sollten. Ökonomische Gleichheit ist hier keine moralische Dimension und keine innere Befindlichkeit, sondern nur ein äußeres Maß des Vergleichs mit anderen. In einer Offenen Gesellschaft wird man auch galaktische Ungleichheiten in den ökonomischen Verhältnissen hinnehmen müssen, wenn sie legal erworben sind und zugleich absolute Grundgüter für alle garantieren. Die Debatte um relative Ungleichheiten und deren Umverteilung läuft ansonsten Gefahr, von den eigentlichen Missständen abzulenken. Siehe auch Brunnhuber (2017).

115 Anstelle systemischer und dauerhafter Transferzahlungen durch das Abschöpfen von Steuern und Abgaben zur Gegenfinanzierung von Armut, Grundsicherung sowie der Beseitigung ökologischer Desaster benötigen wir viel eher ordnungspolitische Maßnahmen, welche mehr Autonomie, Würde und Selbstständigkeit gewährleisten. Johan Galtung (1982) spricht in diesem Zusammenhang gar von struktureller Gewalt. Dies trifft auch für den Bereich der Philanthropie und der systematischen Spendenbereitschaft zu. Das Argument ist, dass damit die Gesellschaft refeudalisiert statt offener wird. Hinzu kommt, dass die gegebenen gesellschaftlichen Rahmenbedingungen weiter konsolidiert statt verändert werden. Wie es anders gehen kann, siehe Brunnhuber (2017).

116 Theoretisch besteht die Möglichkeit, durch eine Landreform die

Eigentums- und Nutzungsrechte neu zu verteilen und zu besteuern. Siehe auch für andere der Weltbankbericht, *Weltbank 2003: Land Policies for Growth and Poverty Reduction*, Washington.

117 John Rawls hat im Differenzprinzip diesen Gedanken weiter ausgebaut: Ungleichheiten sind so lange legitim, solange sie den am meisten Benachteiligten zum Vorteil verhelfen. Dieses »Maximum-Minimorum-Prinzip« hat eine unbestreitbare Beziehung zu Karl Popper. Denn in strittigen Fällen gilt, dass sozioökonomisch Benachteiligte eine politische Priorität genießen. Zum Beispiel stellt eine transkontinentale Migration eine Verletzung des Differenzprinzips dar, weil sie durch Braindrain diejenigen benachteiligt, die zurückgeblieben sind (Arme, Alte, Frauen und Kinder, Kranke). Entsprechende Kompensationszahlungen können diesen Mangel beheben.

118 Eine Reihe von Studien weisen darauf hin, dass der technologische Fortschritt dazu führt, dass die herkömmliche Erwerbstätigkeit früher oder später zu Ende geht. Derzeit wird darüber gestritten, ob die neuen Technologien eher substitutiv oder eliminativ sind, das heißt, ob sie gegebene Arbeitsplätze langfristig durch andere ersetzen oder vernichten. Der Punkt ist aber, bei Licht besehen, ein anderer: Gelingt es, den neuen Technologien, welche alle in der einen oder anderen Form disruptiv sind, eine soziale Lebenswelt entgegenzustellen, welche genau darauf die richtigen Antworten hat? Grundeinkommen, Regionalwäh-

rungen, Lebensarbeitszeitkonten, Suffizienzstrategien sind Antworten auf disruptive Technologien, eine Fortsetzung der gegebenen Sozialgesetze nicht. Ökonomisch hat das vor allem mit dem sogenannten Say-Gesetz zu tun, welches besagt, dass erst das richtige Angebot auch die Nachfrage schafft, oder wie es Henry Ford formuliert hat: »Autos kaufen keine Autos.« In der gesellschaftspolitischen Diskussion nennt man jene, die auf eine rein technologische Lösung setzen, »Solutionisten«. Siehe auch Morozov (2013).

119 So wie es wohl zwei Formen der Ungleichheit gibt, so gibt es auch zwei Formen der Gleichheit. Einmal *quantitative Gleichheit*: Etwa: »Heute mache ich den Abwasch und morgen machst du ihn, wenn nicht, dann lass ich mich übermorgen scheiden.« Und dann eine Form der *komplementären qualitativen Gleichheit*, etwa: »Kindererziehung und Erwerbstätigkeit sind qualitativ gleichwertig und ergänzen sich zum Wohle aller.« Beide Formen lassen sich missbrauchen und dennoch gilt: Für ein Leben in einer Offenen Gesellschaft sind sie nicht identisch.

120 Und beide Formen fordern eine völlig unterschiedliche Finanzierungsform. Grundsicherungen sind öffentliche Güter und können beispielsweise über einen »green QE« hergestellt werden, Ungleichheiten oberhalb dagegen durch Umverteilungen aus der laufenden Wertschöpfung gemildert werden. Siehe ausführlicher Brunnhuber (2017 und 2018).

121 Gemäß der Forbes-Liste für Super-
reiche haben wir weltweit im Jahr
etwa 2000 Milliardäre. Sagen wir,
jeder von ihnen hat eine Milliarde
USD, welche er während einer
Generation aufgebaut hat. Wenn
man nun diese 2000 Milliarden
durch die Anzahl der Bevölkerung
teilt, so ergeben sich 300 USD pro
Person pro Generation. Das sind im
Jahr 10 Euro. Dafür kann sich jeder
einmal im Jahr ein Happy Meal
mit einem zusätzlichen Getränk in
einem Fast-Food-Restaurant kaufen.
Dann ist das Geld aber auch weg.
Die Idee der radikalen und egali-
tären Umverteilung ist ein relativ
naiver Traum linker Ökonomen.
Wir brauchen die Asymmetrie in
der Verteilung von Vermögen, um
einen hinreichenden investiven
Hebel zu erzeugen und um Risikobereitschaft hinreichend zu beloh-
nen. Es liegt dann im Eigeninteresse
der Milliardäre, ihre Liquidität sinnvoll zu investieren, vor allem dann,
wenn die Grundbedürfnisse für alle
bereits gegenfinanziert sind. Dann
und nur dann hält eine Gesellschaft
auch galaktische Einkommens- und
Vermögensunterschiede aus.

122 Etwa so: Es gibt einen freien Platz
in einer Summer School. Dort
lernen die Kinder eine weitere
Fremdsprache, spielen Schach und
Tennis und machen viele wichtige
soziale Peergroup-Erfahrungen für
ihr späteres Leben. Eigentlich sollte
jedes Kind solche Erfahrungen
machen können. Es gibt aber nur
einen letzten Platz. Wer soll ihn
bekommen? Das eigene Kind, das
fremde, aber bekannte Kind in der
Nachbarschaft eines alleinerziehenden Vaters, das unbekannte oder
gar das noch nicht geborene Kind?
Mädchen oder Junge? Oder eher
ein Kind aus der Unterschicht oder
welches zu einer Minderheit gehört,
etwa eine Muslima, ein homose-
xueller Flüchtling aus Nordafrika,
ein körperlich behindertes Kind
der europäischen Mittelschicht, ein
Transgenderkind oder vielleicht
dann doch eher das hochbegabte
Oberschichtkind, weil es sich hier
am schnellsten zurechtfindet, am
meisten profitiert und vielleicht in
Zukunft auch am meisten der Gesellschaft wieder zurückgeben kann;
oder vielleicht das Kriterium IQ
oder EQ oder jenes Kind, welches
bisher immer zu kurz gekommen
ist usw. Für jedes Kind lässt sich ein
konsistentes Argument formulieren,
dass es gerecht sei, ihm oder ihr
die Summer School zukommen zu
lassen. Gerechtigkeit ist immer an
den historischen Informationsstand
und die jeweiligen kontextuellen
Bedingungen geknüpft und ändert
sich damit ständig. Da wir uns in
Offenen Gesellschaften ständig
eingestehen müssen, dass wir zu
wenig wissen und das, was wir wissen, auch noch ständig korrigieren
müssen, liegt für ihre Mitglieder das
Konzept der Freiheit näher als das
der Gerechtigkeit.

123 Dies gilt vor allem für das kurze
sozialdemokratische Jahrhundert
vom Ende des Ersten Weltkriegs bis
1989 und hat hier seine Berechti-
gung gehabt, aber auch nicht mehr.
Jetzt geht es um andere Fragen.

124 Es gibt zwei Formen der Vermögensverteilung. Einmal nimmt
man wenigen Reichen etwas weg

und gibt es den anderen, oder man schafft Voraussetzungen, damit mehr Menschen zu mehr Wohlstand kommen. Die Erste ist eher ein sozialdemokratisches Modell, die Zweite das einer liberalen und Offenen Gesellschaft.

125 Die Idee des Mindestlohns ist eine gedankliche und konzeptionelle Vorstufe zum leistungsfreien garantierten Mindesteinkommen. Während es beim Mindestlohn um eine Untergrenze geht, die nicht unterschritten wird, wenn ein Mensch eine Stunde arbeitet, geht es beim Mindesteinkommen, gleichsam eine Stufe höher, darum, dass der Einzelne nicht über sein Leistungsprofil am Arbeitsmarkt definiert wird, sondern eine personale Integrität hat, unabhängig davon, ob er in einer Offenen Gesellschaft arbeitet oder nicht. Der Einzelne ist auch etwas wert, wenn er nichts tut. Mit einem Dollar Stundenlohn als globalem Mindestlohn würde für ein Drittel der Weltbevölkerung Armut schlagartig der Vergangenheit angehören. Hinzu kämen Tausende zusätzliche Jobs, die durch den Wegfall von Überstunden entstünden, ein höherer Gesundheitszustand, mehr Bildung und mehr Massennachfrage sowie der Wegfall weiterer Verwaltungsgebühren. Über Skaleneffekte werden Massenprodukte billiger und wirken deshalb antiinflationär. Schließlich können weitere Entwicklungsprogramme in diesem Bereich entfallen. Siehe hierzu Spiegel (2017) und Brunnhuber (2017c).

126 Auch wenn es immer eine öffentliche und wissenschaftliche Debatte darüber geben wird, wie Grundbedürfnisse definiert und bestimmt sind, so haben sie doch eine hohe gesellschaftliche Konstanz. Hierzu zählen etwa der Schutz des individuellen Lebens und Überlebens wie Obhut und Autonomie; Zuneigung und Bindung im Sinne von Respekt, Großzügigkeit, Humor und Sinnlichkeit; das gegenseitige Verstehen, die soziale Teilhabe, ein gewisses Maß an Freizeit und Ruhe; die Fähigkeit zu Kreativität und Neugierverhalten; der Aufbau personaler Identität, Selbstachtung und Zugehörigkeit sowie die personale Freiheit, Freizügigkeit, Unabhängigkeit und Selbstachtung. Siehe auch Max-Neef und Drekonja-Kormat (2001) und Max-Neef (1991).

127 Als allgemeine Richtlinie kann gelten: Wenn Großtechnologien nicht versicherbar, nicht kontrollierbar bzw. nicht transparent finanzierbar sind und ihnen eine wissenschaftlich belastbare Evidenz fehlt, ist eine Integration in offene gesellschaftliche Verhältnisse nicht sinnvoll.

128 Der 28. März 2012 war dabei bereits ein wichtiges Datum. An diesem Tag haben die Entwicklungsländer erstmals mehr als 50 Prozent der globalen Wertschöpfung erreicht. Und schon länger leben über 50 Prozent der Weltbevölkerung in staatlichen Gebilden, welche nicht den Vorgaben der westlichen liberalen Demokratien folgen. Die absoluten Bevölkerungszahlen und Zuwächse finden sowieso schon in einer anderen Region der Welt statt. Siehe hierzu Hartcher (2012).

129 Das Thema ist subtiler, als man auf den ersten Blick denkt. So führen disruptive digitale Technologien zwar zu einem Gewinn an Effizienz für alle Beteiligten, aber zugleich zu einem Verlust an bekanntem Verhaltensrepertoire. Wenn nämlich alles durch einen digitalen Algorithmus präkonfiguriert ist, dann brauchen wir konventionelle Regeln und Verhaltensweisen wie Höflichkeit, Takt, diplomatisches Abwarten, Demut, Dankbarkeit und Respekt nicht mehr zu entwickeln und zu erlernen, da der vorgegebene Algorithmus uns die Entscheidung, was wir machen sollen, in Teilen bereits vorweggenommen hat. Wir leben dann ein betreutes Leben. Der empirisch nachgewiesene Verlust an Empathie bei Nutzern der digitalen Medien innerhalb der letzten zwei Dekaden unterstreicht dies nochmals.

130 Der Verlust an Biodiversität ist geradezu ein Paradebeispiel für nichtoffene gesellschaftliche Verhältnisse. Durch den Verlust von Lebensräumen, sekundär invasiver Arten, die Zunahme an Umweltgiften, den Populationsdruck durch den Menschen sowie die Übernutzung von Landflächen gehen uns täglich Dutzende Arten unwiederbringlich verloren. Wir wissen dabei gar nicht, wie viele Arten auf unserem Planeten wirklich leben. Es ist so, wie wenn wir unsere eigene Bibliothek absichtlich abbrennen, ohne im Voraus eine Inventur gemacht und die dort sich befindlichen Bücher überhaupt einmal gelesen zu haben. Das ist alles andere als intelligent.

131 Wir benötigen Grenzen und relative Formen des Ausschlusses, weil unter Standardbedingungen genau dies auch von allen Beteiligten selbst gefordert werden würde. So ist das Asylrecht in allen OECD-Ländern über die Verfassung geregelt und damit nationales Recht. Das Flüchtlingsrecht dagegen ist in der Genfer Konvention festgeschrieben und damit internationales Recht. Die Aufnahme von Kriegsflüchtlingen ist immer mit einer subsidiären Hilfe verbunden. Dies beinhaltet Hilfe, deren Rechtmäßigkeit von den Beteiligten nicht bewiesen werden muss, aber sie ist zeitlich begrenzt und in der Regel vorrangig durch Staaten zu gewährleisten, die geografisch dem Kriegsgebiet am nächsten sind. Die Finanzierung jedoch ist eine internationale Aufgabe (Weltbank, UNO). Es gibt zwar wohl das Recht zum Exit aus einem nationalen Hoheitsgebiet, aber nicht gleichzeitig ein Recht für eine dauerhafte Einwanderung in ein anderes Land nach Wahl mit dauerhaftem Bleiberecht, zumindest nicht in einer Offenen Gesellschaft. Die Integration von Immigranten ist dann gerechtfertigt, wenn es dem aufnehmenden Land gelingt, für die Zurückgebliebenen (vor allem Arme, Alte, Kinder und Frauen) nachweisbare Kompensationszahlungen vorzunehmen. Siehe hierzu Nida-Rümelin (2017).

132 Für den Leser, der sich hier weiter informieren will sowie nach weiteren Literaturhinweisen sucht, der wertvolle Artikel im New York Times Magazine vom Sommer 2017: http://nymag.com/daily/

intelligencer/2017/07/climate-change-earth-too-hot-for-humans-annotated.html.

133 Die bekannte Formel I=PAT von Paul Ehrlich besagt, dass der Einfluss auf unsere Umwelt (Impact) abhängig ist von der Population, Affluence (Wohlstand) und Technologie. Die Formel hat zwei wesentliche Variablen übersehen, für welche mittlerweile eine robuste empirische Datenlage vorliegt. Behaviors (Verhalten, B) und Equality (Verteilung, E). Beide bestimmen den Einfluss auf unsere Umwelt mehr oder zumindest ähnlich hoch wie die anderen Faktoren. Daraus ergibt sich dann I= PATBE. Zum Ganzen siehe Ehrlich und Holdren (1971).

134 Noch ein Beispiel: Die Bundesrepublik Deutschland muss 5 Millionen Hektar an Agrar- und Weideland im Jahr irgendwo auf der Welt aufkaufen, um ihre Bevölkerung zu ernähren, vor allem für Soja und Baumwolle. Die EU muss über 20 Prozent der Fischbestände außerhalb der Union zukaufen, um uns EU-Bürger zu befriedigen. Ein Tag an Fangbeständen hätte ausgereicht, um ein Jahr lang 50 Fischerfamilien in Afrika in Lohn und Brot zu halten. Noch ein Beispiel: Neben den 10 Litern an Frischwasser, welches jeder Bundesbürger tagtäglich verbraucht, benötigt er nochmals zusätzliche 5300 Liter »virtuelles Wasser«, welches in all den Produkten steckt, die wir tagtäglich konsumieren. 70 Prozent davon müssen wir irgendwo auf der Welt einkaufen, immer auf Kosten von anderen, auf Kosten der Natur oder auf Kosten der Zukunft. Ökono-men nennen das eine Externalisierung. Jede Ressource, welche wir in den reichen Ländern verbrauchen, fehlt dann jemand anderem. Bei 7 Milliarden Menschen würde bekanntlich jedem ein Verbrauch von 2,2 Hektar zur Verfügung stehen. Die US-Bürger benötigen 10, die Europäer circa 5, die Bewohner von Bangladesch weniger als einen Hektar. Bei diesem Zugriff auf die Welt geht es ungleich zu. Er wird nicht mit gleich langen Spießen gefochten, bzw. der Austausch findet auf einer schiefen Ebene statt. Es gibt einige wenige, die oben stehen, und viele, die unten liegen.

135 Defensivkosten sind Unkosten für soziales und ökologisches Desastermanagement, die niemand will, aber doch alle bezahlen müssen. Sie wirken volkswirtschaftlich eher wie eine regressive Steuer oder wie Marktordnungskosten ohne weitere Wohlfahrtseffekte. In OECD-Ländern werden sie mit über zehn Prozent des Bruttosozialprodukts angegeben. Siehe hierzu bereits Leipert (1989) und Kapp (1979).

136 Wir sollten hier sinnvollerweise zwischen Fakten-, Verfügungs- und Orientierungswissen sowie Skills and Competencies unterscheiden. Jedes Mal ändert sich unser Wissen über die Welt, und jedes Mal wird ein anderer Bereich unserer Wirklichkeit angeeignet. Siehe Brunnhuber (2017).

137 Wir haben immer schon Probleme gehabt, objektives Wissen und wissenschaftliche Evidenz hinreichend zu integrieren. Der Erhalt der Identität der Person ist wichtiger als

die Korrektur von Verhalten durch wissenschaftliche Beweise. Das hat damit zu tun, dass der Aufbau einer Person sich durch zahlreiche Variablen konstituiert (genetische Ausstattung, Früherziehung, Elternhaus, sozioökonomische Schicht, Bildungsabschluss, Lebensstil und Lebensschicksale, Religionszugehörigkeit etc.), bei welchen der wissenschaftliche, rationale und öffentliche Input oft nur eine untergeordnete Rolle spielt.

138 Siehe Vetter (2017) und Perrow (1992).

139 Der Beitrag einer Offenen Gesellschaft für unser Zusammenleben ist freilich ein europäischer und hat somit immer einen inhaltlichen, geografischen und historischen Bezug zu mindestens vier Elementen: einmal zum Kapitalismus und seinen Auswirkungen auf die industrielle Entwicklung und den privaten Konsum; zweitens dann die moderne Wissenschaft und ihr methodisches Vorgehen, ihre disziplinäre Einteilung und ihre institutionellen Formen (Publikationspraxis, Forschungsförderung); drittens die Entstehung des Rechtsstaates und seine Gewaltenteilung, repräsentative Formen der Demokratie, das individuelle Haftungs- und Eigentumsverständnis sowie zivilgesellschaftliche Organisationen; viertens die Entmythologisierung der Natur durch das Christentum. Diese Bezüge mögen im 21. Jahrhundert in den Hintergrund treten, sind aber dennoch für den historischen Ausgangspunkt der Offenen Gesellschaft wichtig.

140 Offene Gesellschaften leben von Voraussetzungen, welche sie selbst nicht dazu beitragen können. Dazu gehören sicherlich Medien, Parteien, öffentliche Diskurse, Nichtregierungs- und Nonprofitorganisationen, welche alle dazu beitragen, dass ihre Mitglieder die Erfahrung von Selbstwirksamkeit, Kontrolle, gelebtem Engagement und aktiver Problemlösung machen. Siehe Böckenförde (1976) und Fest (1993).

141 Neue Ergebnisse über den politischen Wertewandel zeigen etwa, dass bei den nach 1980 Geborenen weniger als die Hälfte in westlichen Ländern Demokratien als »gut« und »wichtig« erachten. Das hat sicherlich auch damit zu tun, das solange ein stabiles Wirtschaftswachstum für nachweisbare Umverteilungen geführt hat, auch das demokratische System als legitim angesehen wurde. Diese Umverteilungen sind seit zwei bis drei Dekaden bekanntlich ausgeblieben. Ein anderer Grund liegt wohl auch darin, dass demokratische Entscheidungsprozesse angesichts globaler Probleme als potenziell dysfunktional und schwerfällig erlebt werden und gegenüber anderen Regierungsformen an Attraktivität eingebüßt haben. So entstehen dann schnell abwegige Vorschläge wie etwa der von Brennan (2017), in welchem das Stimmrecht an den Wissens- und Informationsstand des Wahlberechtigten geknüpft ist.

142 Das Subsidiaritätsprinzip geht auf die katholische Soziallehre zurück und beschreibt eine soziale Organisationsform, bei welcher die jeweils niedrigste Einheit ein anstehendes Problem zuerst lösen soll. Erst

dann, wenn jene Ebene dazu nicht in der Lage ist, wird die jeweils nächsthöhere aktiv. Dieses Prinzip organisiert in sinnvoller Weise unser Zusammenleben und hat in zahlreichen Organisationen seinen Niederschlag gefunden. Dabei ging es darum, ein Höchstmaß an Freiheit mit einem Höchstmaß an Ordnung zu verbinden.

143 Die entscheidende Frage lautet: Wie gelingt eine langfristige und nachhaltige Verhaltensänderung? Ergebnisse aus der klinischen Forschung sowie aus der Umweltpsychologie können hier weiterhelfen. Einmal gilt sicherlich, dass ständige Katastrophenmeldungen (negative Emotionen) nicht weiterhelfen. Sie helfen, dass die Betroffenen lernen, ein negatives, aversives Ereignis besser auszuhalten (Containing). Zweitens ist bekannt, dass die Ausbildung eines Problem- und Verantwortungsbewusstseins in Verbindung mit Risikoabwägungen und Klärung der Motivationslage eine weitere Voraussetzung für eine Verhaltensänderung schafft (kritischer Bewusstseinsschwerpunkt). Im Mittelpunkt einer Verhaltensänderung steht jedoch etwas anderes. Es sind nachweislich nicht isolierte Verhaltenssequenzen, kognitive Einsichten und egoistisch angesteuerte Motive, sondern allgemeinere, affektgesteuerte Lebensstilmodifikationen sowie kollektiv-altruistisch orientierte Ziele, welche menschliches Verhalten nachhaltig verändern können. Als allgemeine Regel kann gelten: »Wenn etwas Spaß und Sinn macht, die Selbstwirksamkeit und Kontrolle erhöht,

die Achtsamkeit steigert und das Verhalten nicht primär egoistisch, sondern an kollektiv-altruistischen Zielen ausgerichtet ist, dann ist die Wahrscheinlichkeit hoch, dass sich unser Verhalten auch nachhaltig verändern kann.« Schließlich kann eine öffentliche Selbstverpflichtung helfen, das eingeschlagene Verhalten zu stabilisieren. Die Werbepsychologie geht hier übrigens in Teilen den genau entgegengesetzten Weg; siehe Brunnhuber (2016).

144 Digitale Zustimmungen (Likes) bei Facebook sind wie Reichsein auf der Parkallee bei Monopoly oder wie ein Zoobesuch statt ein Leben auf einem Bauernhof. Die digitale Realität ist vermeintlich immer besser. Die wichtigen Dinge passieren aber nur in der realen Welt. Die virtuelle Welt kann uns vor der Freiheit bewahren, autonome Willensentscheidungen zu treffen. Der Informationsstand einer Gesellschaft ermöglicht zwar einen Wandel, determiniert ihn aber nicht. Um das zu gewährleisten, brauchen wir mehr als nur Informationen und Vernetzung. Wir benötigen die Möglichkeit zu einer veränderten Praxis. Die findet aber nicht im leeren Raum statt, sondern entweder auf der Straße oder in geordneten Bahnen, in geänderten ökonomischen Anreizstrukturen oder durch eine politische Abwahl.

145 Globalisierung gilt als das Mittel, um über einen freien Warenverkehr die Faktorpreise (Löhne) anzugleichen und damit Wohlstand für alle zu schaffen. Dies reicht aber nicht aus. Es würde bei der derzeitigen Wachstumsdynamik drei bis fünf

Generationen benötigen, um einen Ausgleich im Einkommen zwischen reichen und armen Ländern zu gewährleisten. Das hat damit zu tun, dass das Einkommen zu 80 Prozent durch die Staatsangehörigkeit und den Verdienst der Eltern bestimmt ist, dass heißt durch die Geografie bzw. Lokalität. Der Rest geht dann auf das Konto Fleiß, Ehrgeiz, Glück, Geschlecht, Bildung. Durch eine gelungene Migration kann sich das Einkommen dann in kürzester Zeit verdrei- bis verfünffachen. Neben Globalisierung und Migration gibt es eine dritte Maßnahme, Wohlstand, Wachstum und Einkommen zu schaffen: eine alternative Wertschöpfung. Sie geht auf das Konzept des parallelen Quantitativen Easing (QE) zurück. Dabei wird das Mandat der Zentralbanken zur Geldschöpfung dahingehend erweitert, dass nun mittels Blockchain-Technologien selektive Projekte (etwa Nachhaltigkeitsziele) direkter finanziert werden. Zur Diskussion siehe etwa Brunnhuber (2017c) und Milanovic (2017).

146 Vier Themen werden hier chronisch ausgeblendet. Zum Ersten beschreiben die impliziten Schulden die ungedeckten Ansprüche von Bürgern an ihren Staat (soziale Sicherung, Pensionen, Garantieverpflichtungen). In OECD-Ländern liegen sie um den Faktor zwei bis fünf höher als die explizite, das heißt offiziell ausgewiesene öffentliche Verschuldung. Zum Zweiten hat die Rettung der EU-Banken die öffentliche Hand 1,4 Billionen Euro gekostet und den Schuldenstand um 25 Prozent gehoben. Drittens

liegen immer noch über 1 Billion Euro an faulen Krediten in den Geschäftsbanken. Wenn die Zinsen nun hochgehen, werden bestimmte Kreditlinien davon nicht bezahlbar sein. Viertens: Der gesamte Regulierungsvorgang wird noch dadurch verkompliziert, dass das Schattenbankensystem mit 80 Billionen USD größer ist als der transparente Bankensektor und die dort bilanzierten Einlagen (Spareinlagen, Pensionsfonds und Versicherungen) keine hinreichende privatwirtschaftliche Haftung besitzen. Die beschlossene Abwicklungsrichtlinie zur Bankenrettung sieht bis 2023 ein Volumen von 55 Milliarden Euro vor. Der Betrag ist so um zwei Größenordnungen zu klein. Hier ist also ebenfalls mit einer politischen Haftung zu rechnen. Siehe auch Wagenknecht (2016).

147 Es sind die vielen »dummen Dinge« (Schmidbauer 2015), die uns umgeben, welche dazu führen, dass sich unsere mentale Verfassung ändert. Negativ betroffen sind vor allem Intelligenz, Kreativität und Sozialverhalten. Scheinbare Vereinfachungen und subtile Unterlassungen verhindern wirklich kreative und intelligente Lösungen. Da wir es alle machen, »merkt es sowieso keiner«. Dem Homo consumens fehlt das Glück der Übung und die Lernerfahrung, dass Reparatur, Verzicht und Einfachheit eben kreativer und intelligenter macht. Statt alles, was gerade nicht mehr funktioniert, einfach wegzuwerfen und dann kompensatorisch Neues zu kaufen, kann das Wissen, wie man Fehler und Störungen beseitigt, einen

Erkenntnisgewinn darstellen. Das ständige narzisstische Leistungsversagen, das mit Kontrollverlust und dem Verlust an Selbstwirksamkeit verbunden ist, führt dann regressiv in Verwöhn- und Wellnessfantasien, um das gekränkte Ego wieder konsumbereit zu machen. In offene gesellschaftliche Verhältnisse führt dies aber nicht.

148 Solange solche Singularitäten (Individualität, Liberalität und Selbstverwirklichung) zunehmen und unsere Bewertung über die Welt bestimmen, geht uns der Blick für das, was uns verbindet, verloren. Stattdessen bräuchten wir mehr Grund- und Gemeingüter und einen Konsens darüber, was wir alle teilen. Zur aktuellen Diskussion siehe Reckwitz (2017).

149 Es gibt mindestens drei Gründe, weshalb sich Gesellschaften für Umverteilungen von Wohlstandseffekten aussprechen. Einmal leisten sie einen Beitrag zur Stabilität einer Gemeinschaft, wenn die Vermögens- und Einkommensunterschiede zu groß werden. Zweitens wirken sie wie ein privater Versicherungsvertrag gegenüber Lebensrisiken (Gesundheit, Arbeitslosigkeit), welche kollektiv und solidarisch besser organisiert sind. Und drittens gibt es eine Reihe von öffentlichen Gütern (Sicherheit, Straßen, Umwelt, Abwasser), welche durch die Gemeinschaft besser finanziert sind.

150 Bei disruptiven Technologien des Digitalen müssen wir davon ausgehen, dass sie allesamt nicht verhaltensneutral sind. Hierzu zählt nicht nur die potenziell schädliche Wirkung auf die Gesundheit, auf unser Lern- und Sozialverhalten, sondern auch der Umstand, dass die eingesetzten Algorithmen Einfluss auf unsere Wahl- und Kaufreaktion haben. Hinzu kommen Umweltbelastungen, Oligopolgewinne und *shortfalls*. Erst der Nettoeffekt von all dem, im Vergleich zu den Effizienzsteigerungen gibt uns ein Bild über die positiven Auswirkungen jener Technologien. Ob wir das alles so wollen, wie es tatsächlich passiert, kann man nur mittels einer kritischen Öffentlichkeit und eines objektiven Wissenschaftsbetriebs klären. Siehe hierzu O'Neil (2017) und Mayer-Schoenberger (2017).

151 Vielleicht hilft hier die Unterscheidung von Religion und Spiritualität weiter. Der intrareligiöse Dialog handelt vor allem von unterschiedlichen Ritualen, Gebräuchen, Feiertagen und Narrativen, etwa die Frage: Darf man sich ein Bild von Gott machen, oder ist Gott ein alter Mann mit einem Bart, oder gibt es gar unzählige viele Götter oder aber gar keinen und stattdessen nur absolute Leere? Darf man Alkohol trinken, eine oder mehrere Frauen haben, Fleisch essen oder an bestimmten Tagen arbeiten? Auf dieser Ebene des Dialogs sind Religionen ein Kohäsionsfaktor, das heißt, sie stabilisieren Gruppen und Gesellschaft, indem sie ein Narrativ anbieten. Aber eben nur nach *innen*, gegenüber ihren Mitgliedern. Nach *außen* passiert das Gegenteil. Der interreligiöse Dialog dagegen sollte von anderen Inhalten geprägt sein, welche vor allem durch die Unterscheidung von Religion und

Spiritualität geprägt sind. Erst so können Religionen einen wichtigen Beitrag für unser Zusammenleben liefern, den es erst in eine zivile und säkulare Sprache zu übersetzen gilt. Jürgen Habermas (2005) spricht hier gar von einer »entgleisten Säkularisierung«. Zur Diskussion siehe Brunnhuber (2017 f).

152 Siehe Huntington (1996 und 2004).

153 Die Zustimmung zu wissenschaftlicher Evidenz korreliert nicht mit dem Ausmaß an wissenschaftlichem Training oder Abschlüssen, sondern empirisch mit der sozialen Gruppe, der man angehört. So steht und fällt etwa die Anerkennung bzw. Ablehnung der anthropogen verursachten Klimaerwärmung mit der Zugehörigkeit zum linken oder rechten politischen Spektrum. Nur ein Mehr an kritischer Rationalität und ein Mehr an integralem Bewusstsein kann diesen Gegensatz aufheben. Das heißt, die kulturelle und religiöse Zugehörigkeit bestimmt in viel stärkerem Maße die personale Identität sowie Verhaltensänderungen jedes Einzelnen als der rationale Einblick in eine wissenschaftliche Erkenntnis. Das hat damit zu tun, dass emotionale Faktoren überdauernder und stabiler sind als intellektuelle. Also: Identität schlägt wissenschaftliche Evidenz, oder Frames schlagen Fakten. Dieser Zusammenhang ist wiederum wissenschaftlich empirisch gut belegt. Siehe etwa Kahan (2015).

154 Jeder Mensch kennt einen Zustand, in dem er vorübergehend einem kritischen und rationalen Argument nicht zugänglich ist. Die Extremismusforschung hat gezeigt, dass bei weniger als 5 Prozent der Bevölkerung dieser Zustand nicht wirklich korrigierbar ist. Dabei spielen Erfahrungen der sozialen Exklusion, Kränkungserlebnisse sowie eine schwere Psychopathologie eine ursächliche Rolle. Bei den anderen 95 Prozent dagegen geht es eher darum, wie wir miteinander sprechen und wie wir Argumente fair austauschen. Die Unterscheidung zwischen beiden ist für eine Diskussion in einer Offenen Gesellschaft unerlässlich.

155 Es war 1989 nicht das Ende der Geschichte, sondern der Beginn einer neuen Totalisierung von Konkurrenz, Kompetition und weiteren Kriegen. Die Friedensdividende, welche uns 1991 zur Verfügung stand, um die Militärausgaben, welche im Kalten Krieg gebunden waren, in eine nachhaltige Zukunft zu investieren, haben wir vertan und stattdessen den Washingtoner Konsens implementiert, der uns mehr Privatisierung und Deregulierung des Finanzkapitals gebracht hat.

156 Siehe Brunnhuber (2017 a).

157 Neben der biologischen Anpassung, welche extrem langsam vonstattengeht, gibt es eine kulturelle Form der Anpassung. Man nennt dies auch eine Ko-Evolution, und sie verläuft parallel zur biologischen Anpassung. Aber diese Anpassungsleistungen sind inkomplett, es kommt zu einem ständigen *mismatch* oder einer »Dissonanz«. Der

Mensch passt nicht mehr vollständig in die Natur hinein, sondern benötigt nun Kulturleistungen, um sein Zusammenleben und Überleben erklärbarer zu machen. Er muss sich jetzt etwas einfallen lassen. Es entstehen Geschichten. Der Mensch wird zum »Geschichten erzählenden Tier«, wie Jonathan Gottschall (2012) sagt. Und jenen Erzählungen kommt die Aufgabe zu, auf Unverstandenes, auf Ungewissheiten, auf Anomalien und auf Unsicherheiten eine plausible Antwort zu geben. Der Mensch ist offenbar gegenüber Zuständen, die er nicht hinreichend erklären kann, intolerant. Es besteht ein Zwang zur Kohärenz. Anthropologen sprechen gar von einer Konstanten: einem HADD (Hyperaktiv Agent Detective Device). Wir reagieren auf unbekannte Ereignisse hyperaktiv und überdeterminiert, gleichsam mit einem Überschuss an möglichen Deutungen. Und das ist auch gut so. Denn besser ist es, eine Erklärung zu haben als gar keine. Dieses System reagiert rasch, sichert das Überleben und beruhigt, auch wenn sich die Erklärung als falsch herausstellt.

[158] Karl Popper teilt den Gedanken eines epochemachenden Ereignisses mit Karl Jaspers Achsenzeit (1949). Der Mensch ist nicht mehr geschlossen. Er ist sich selbst ungewiss, damit aufgeschlossen für seine grenzenlosen Möglichkeiten, heißt es dort. Es ist insbesondere das Aufkommen der kritischen Vernunft, das Nachdenken über Reformen und der Anspruch auf politische Freiheit, die jenen Epochenwechsel charakterisiert. Beide Autoren nehmen, soweit ich sehe, keinen Bezug aufeinander.

[159] So bereits im Manuskript von Hannah Arendt aus den Jahren 1966/67 nachzulesen; siehe Arendt (2018).

9

Literatur (Auswahl)

Der Gedankengang erschließt sich mühelos im Studium der folgenden Arbeiten. Bei Rückfragen zu Einzelnachweisen, welche über eine Standardrecherche im Internet hinausgehen, vor allem für empirische Einzelnachweise oder weitere Arbeiten des Autors wenden Sie sich bitte an:

www.stefan-brunnhuber.de; brunnhuber.cor@gmxpro.de

www.cochranelibrary.com.

https://de.wikipedia.org/wiki/Washington_Consensus.

www.die-offene-gesellschaft.de.

www.researchgate.net.

www.kopenhagen-consensus.org.

www.lobbycontrol.de.

www.transparency.org.

www.development-institute.org/deutsch/dri-forschung/studien/.

Acosta, Alberto (2017): *Buen vivir. Vom Recht auf ein gutes Leben*. 5. Auflage, München, oekom.

Albert, Hans (1991): *Traktat über kritische Vernunft*. 5. Auflage, UTB, Tübingen, Mohr Siebeck.

Arendt, Hannah (2018): *Die Freiheit, frei zu sein*. München, dtv.

Bardi, Ugo (2017): *Der Seneca-Effekt. Warum Systeme kollabieren und wie wir damit umgehen können*. München, oekom.

Beck, Ulrich (1986): *Risikogesellschaft. Auf dem Weg in eine andere Moderne*. Frankfurt am Main, Suhrkamp.

Bhagwati, Jagdish N.; Fischer, Joschka (2008): *Verteidigung der Globalisierung*. München, Pantheon.

Böckenförde, Ernst-Wolfgang (1976): *Staat, Gesellschaft, Freiheit. Studien zur Staatstheorie und zum Verfassungsrecht*. 2. Auflage, Frankfurt am Main, Suhrkamp.

Brand, Ulrich; Wissen, Markus (2017): *Imperiale Lebensweise. Zur Ausbeutung von Mensch und Natur in Zeiten des globalen Kapitalismus*. München, oekom.

Brennan, Jason (2017): *Gegen Demokratie. Warum wir die Politik nicht den Unvernünftigen überlassen dürfen*. 2. Auflage, Berlin, Ullstein.

Brunnhuber, Stefan (1999): *Die Ordnung der Freiheit. Das Modell der Offenen Gesellschaft bei K. Popper in der Soziologie der Gegenwart*. Wiesbaden, VS Verlag für Sozialwissenschaften. Online verfügbar unter http://dx.doi.org/10.1007/978-3-322-95196-0.

Brunnhuber, Stefan (2016): *Die Kunst der Transformation. Wie wir lernen, die Welt zu verändern*. Freiburg, Basel, Wien, Herder.

Brunnhuber, Stefan (2017 a): *Education isn't education: The creativity response or how to improve the learning curve in our society*. In: Cadmus.

Brunnhuber, Stefan (2017 b), »Reflections on our common beliefs: The Psychology of Interfaith«. In: *Two indispensable Topoi of interreligious dialogue, New languages far beyond the deed ends of dialogue* (eds. M. Krienke, E. Kuhn), pp. 114–125; Editio Academe Vol. 2, TENE QUOD BENE, Wien.

Brunnhuber, Stefan (2017 c): *The real tragedy of the commons. Or How To Really Finance our Future*. Hg. v. Human and global development research institute (DRI). Wien. Online verfügbar unter http://www.stefan-brunnhuber.de/content/texts/COPE.pdf.

Brunnhuber, Stefan (2017 d): *The world is a slope. Die zwei Formen der Ungleichheit*. Umundu Festival, Dresden. Online verfügbar unter https://www.umundu.de/content/downloads/festivalprogramm/programm2017/brunnhuberstefan_theworldisaslope_umundu2017.pdf.

Brunnhuber, Stefan (2017 e): *Theme: Embrace the future. A mechanism that can change the world.* TEDxDresden, 27.08.2017. Online verfügbar unter https://www.youtube.com/watch?v=daEbMngJ7Q8.

Brunnhuber, Stefan (2017 f): *The psychology of interfaith dialogue. The Lugano Hypothesis.* Wien, Editio academia Vol 02.

Brunnhuber, Stefan (2018): *The »Real« Tragedy of the Commons: Can a Dual Currency System Achieve a Pareto-superior Equilibrium? Latest Thinking,* Hamburg. Online verfügbar unter https://lt.org/publication/real-tragedy-commons-can-dual-currency-system-achieve-pareto-superior-equilibrium#P3NlYXJjaD1icnVubmh1YmVy

Buchter, Heike (2015): *BlackRock. Eine heimliche Weltmacht greift nach unserem Geld.* Frankfurt am Main, Campus.

Campbell, Anthony (1975): *Seven states of consciousness. A vision of possibilities suggested by the teaching of Marharishi* [i. e. Maharishi] Mahesh Yogi. 5th print. New York [etc.], Harper & Row (Perennial library, 289 [psychology/philosophy]).

Cassirer, Ernst (2010): *Philosophie der symbolischen Formen.* Hamburg: Meiner (Philosophische Bibliothek, 607).

Chancel, Lucas; Piketty, Thomas (2015): *Carbon and inequality: From Kyoto to Paris. Trends in the global inequality of carbon emissions (1998–2013) & prospects for an equitable adaptation fund.* Hg. v. Paris School of Economics. Paris, School of Economics.

Chomsky, Noam; Herman, Edward S. (1988): *Manufacturing consent. The political economy of the mass media.* [Nachdr.]. New York, Pantheon Books.

Crutzen, Paul J.; Mastrandrea, Michael D.; Schneider, Stephen H.; Davis, Mike; Sloterdijk, Peter (2011): *Das Raumschiff Erde hat keinen Notausgang. Energie und Politik im Anthropozän.* Berlin, Suhrkamp (Edition Unseld Sonderdruck).

Dahrendorf, Ralf (1987): *Fragmente eines neuen Liberalismus.* Stuttgart, Deutsche Verlagsanstalt.

Dahrendorf, Ralf (1992): *Der moderne soziale Konflikt. Essay zur Politik der Freiheit.* Stuttgart, Deutsche Verlagsanstalt.

Dahrendorf , Ralf (1998): »Anmerkungen zur Globalisierung«, in: *Perspektiven der Weltgesellschaft*, Hg. v. Ulrich Beck. Frankfurt am Main, Suhrkamp, S. 41–54.

Daly, Herman E. (2005): »Economics in a full world«. In: *Sci Am* 293 (3), pp. 100–107.

Dill, Alexander (2017): *Die Welt neu bewerten. Warum arme Länder arm bleiben und wie wir das ändern können.* München, oekom.

Dreier, Horst (2018): *Staat ohne Gott, Religion in der säkularen Moderne*, München, Beck.

Ehrlich, Paul R.; Holdren, John P. (1971): Impact of Population Growth. In: *Science* 171 (3977), pp. 1212–1217.

Epstein, Klaus (1966): *The genesis of German conservatism*. Princeton, N. J.: Princeton, University Press.

Fauconnier, Gilles; Turner, Mark (2003): *The way we think. Conceptual blending and the mind's hidden complexities*. New York, Basic Books.

Fest, Joachim (1994): *Die schwierige Freiheit. Über die offene Flanke der offenen Gesellschaft*. 2. Auflage, Berlin, Siedler.

Frankfurt, Harry G. (2016): *Ungleichheit. Warum wir nicht alle gleich viel haben müssen*. Berlin, Suhrkamp.

Frey, Bruno S. (2012): *Wachstum, Wohlbefinden und Wirtschaftspolitik. Ziele des (glücklichen) Wirtschaftens*. München, Roman-Herzog-Institut (Position / Roman-Herzog-Institut, Nr. 13).

Fromm, Erich (1999): »Die Furcht vor der Freiheit« (1941). In: Erich Fromm und Rainer Funk (Hg.): *Gesamtausgabe*. In zwölf Bänden. Stuttgart, München: DVA; Deutscher Taschenbuch-Verlag.

Fukuyama, Francis (1989): The end of history? In: *The National Interest* (16), pp. 3–18.

Galtung, Johan (1982): *Anders verteidigen. Beiträge zur Friedens- und Konfliktforschung*. Reinbek bei Hamburg, Rowohlt.

Gebser, Jean (1966): *Ursprung und Gegenwart*. Stuttgart, Deutsche Verlagsanstalt.

Gehlen, Arnold; Rehberg, Karl-Siegbert (1940): *Der Mensch. Seine Natur und seine Stellung in der Welt*. Wiebelsheim, AULA.

Georgescu-Roegen, Nicholas (1971): *The entropy law and the economic process*. Cambridge, Mass, Harvard University Press.

Girardet, Herbert (1999): *Creating sustainable cities*. Totnes, Devon: Published by Green Books for The Schumacher Society (Schumacher briefings, no. 2).

Greenfield, Susan A. (2015): *Mind change. How digital technologies are leaving their mark on our brains*. Paperback edition, Rider.

Gottschall Jonathan (2012): *The storytelling animal: How stories make us human*, Mariner Books

Habermas, Jürgen; Ratzinger, Joseph (2005): *Dialektik der Säkularisierung. Über Vernunft und Religion*. 7. Auflage, Freiburg im Breisgau, Herder.

Harari, Yuval Noah (2018): *21 Lektionen für das 21. Jahrhundert*. München, Beck.

Hartcher, Peter (2012): Tipping point from West to East just passed. In: *Sydney Morning Herald*, 17.04.2012.

Harvey, David (2015): *Seventeen contraditctions and the end of capitalism*. Oxford, Oxford University Press.

Heinberg, Richard; Dierlamm, Helmut (2012): *Jenseits des Scheitelpunkts. Aufbruch in das Jahrhundert der Ressourcenerschopfung*. Waltrop, Leipzig, Manuskriptum (Edition Sonderwege bei Manuskriptum).

Hirschman, Albert O. (1970): *Exit, voice and loyalty. Responses to decline in firms, organizations and states*. Cambridge, Mass., Harvard University Press.

Huntington, Samuel P. (1996): *The clash of civilizations and the remaking of world order*. New York, Simon & Schuster.

Huntington, Samuel P. (2004): *Who are we? Die Krise der amerikanischen Identität*. Hamburg, Wien, Europaverlag.

Illich, Ivan (1983): *Entmündigung durch Experten. Zur Kritik der Dienstleistungsberufe*. Reinbek bei Hamburg, Rowohlt.

Jackson, Tim (2012): *Wohlstand ohne Wachstum. Leben und Wirtschaften in einer endlichen Welt*. 5. Auflage, München, oekom.

Jacobs, Alan (2017): *How to think. A survival guide for a world at odds*. New York, Currency Publisher.

Jaynes, Julian (2000): *The origin of consciousness in the breakdown of the bicameral mind*. Boston, Houghton Mifflin Harcourt.

Jaspers, Karl (1949): *Vom Ursprung und Ziel der Geschichte*. Zürich, Artemis.

Kahan, Dan M. (2015): »Climate-Science Communication and the measurement problem. Advances in political psychology«. In: *Political Psychology* 36, pp. 1–43. DOI: 10.1111/pops.12244.

Kahan, Dan M. (2015): »What is the ›Science of Science Communication‹?« In: *Journal of Science Communication* Vol. 14 (No. 3), pp. 1–12. DOI: 10.2139/ssrn.2562025.

Kapp, Karl William; Kapp, Lore L. (1979): *Soziale Kosten der Marktwirtschaft. Das klassische Werk der Umwelt-Ökonomie*. Frankfurt am Main, Fischer.

Khanna, Parag (2016): *Connectography. Mapping the future of global civilization*. New York, Random House.

Kreuzer, Franz; Popper, Karl R. (1982): *Offene Gesellschaft – offenes Universum. Franz Kreuzer im Gespräch mit Karl R. Popper*. Wien, Deuticke.

Kuhn, Thomas S. (2014): *Die Struktur wissenschaftlicher Revolutionen*. 2. revidierte und um das Postskriptum von 1969 ergänzte Auflage, 24. Auflage. Frankfurt am Main, Suhrkamp.

Leipert, Christian (1989): *Die heimlichen Kosten des Fortschritts. Wie Umweltzerstörung das Wirtschaftswachstum fördert*. Frankfurt am Main: Fischer.

Lessenich, Stephan (2016): *Neben uns die Sintflut. Die Externalisierungsgesellschaft und ihr Preis*. München, Carl Hanser.

Liessmann, Konrad Paul (2015): *Lob der Grenze. Kritik der politischen Unterscheidungskraft*. 3. Auflage. Wien, Zsolnay.

Lilla, Mark (2017): *The once and future liberal. After identity politics*. New York, HarperCollins.

Luhmann, Niklas (2015): *Soziale Systeme. Grundriß einer allgemeinen Theorie*. 4. Auflage. Frankfurt am Main, Suhrkamp.

Marcuse, Herbert (1966): Repressive Toleranz. In: Robert Paul Wolff, Barrington Moore, Herbert Marcuse und Alfred Schmidt (Hg.): *Kritik der reinen Toleranz*. Frankfurt am Main, Suhrkamp.

Mau, Steffen (2017): *Das metrische Wir. Über die Quantifizierung des Sozialen*. 2. Auflage, Berlin, Suhrkamp.

Max-Neef, Manfred A. (1991): *Human scale development. Conception, application and further reflections*. New York, Apex Press.

Max-Neef, Manfred A.; Drekonja-Kornat, Gerhard (2001): »Entwicklung nach menschlichem Maß«. In: *E+Z – Entwicklung und Zusammenarbeit* (Nr. 7/8, Juli/August 2001).

Mayer-Schönberger, Viktor; Ramge, Thomas (2017): *Das Digital. Markt, Wertschöpfung und Gerechtigkeit im Datenkapitalismus*. Berlin, Econ.

McGilchrist, Ian (2009): *The master and his emissary*. London, Yale University Press.

Mendus, Susan; Edwards, David (Hg.) (1987): *On toleration*. Oxford [u. a.], Clarendon Press.

Milanovic, Branko (2017): *Haben und Nichthaben. Eine kurze Geschichte der Ungleichheit*. Darmstadt, Konrad Theiss.

Miller, David (2018): *Fremde in unserer Mitte. Politische Philosophie der Einwanderung*. Berlin, Suhrkamp.

Morozov, Evgeny (2013): S*marte neue Welt: Digitale Technik und die Freiheit des Menschen*, München, Karl Blessing.

Neumann, Erich (1999): *Ursprungsgeschichte des Bewusstseins*. 6. Auflage, Frankfurt am Main, Fischer.

Nida-Rümelin, Julian (2011): *Die Optimierungsfalle*, München:,Irisiana.

Nida-Rümelin, Julian (2017): *Über Grenzen denken. Eine Ethik der Migration*. Hamburg, edition Körber-Stiftung.

O'Neil, Cathy (2017): *Angriff der Algorithmen. Wie sie Wahlen manipulieren, Berufschancen zerstören und unsere Gesundheit gefährden*. München, Carl Hanser.

Osten, Manfred (2006): *Die Kunst, Fehler zu machen*. Frankfurt am Main: Suhrkamp.

Paech, Niko (2016): *Befreiung vom Überfluss. Auf dem Weg in die Postwuchstumsökonomie*. 9. Auflage. München, oekom.

Peirce, Charles S. (1931–1958): *Collected Papers*. Harvard, University Press.

Pennycook, Gordon; Cannon, Tyrone; Rand, David (2017): *Implausibility and illusory truth. Prior exposure increases perceived accuracy of fake news but has no effect on entirely implausible statements*. Social Science Research Network. Rochester, NY (ID 2958246).

Perrow, Charles; Traube, Klaus; Rennert, Udo (1992): *Normale Katastrophen. Die unvermeidbaren Risiken der Großtechnik*. 2. Auflage, Frankfurt am Main, Campus.

Plessner, Helmuth (1924): *Die Stufen des Organischen und der Mensch. Einleitung in die philosophische Anthropologie*. 3., unveränderte Auflage, im Original erschienen 1975. Berlin, New York, De Gruyter.

Pogge, Thomas (2010): *World poverty and human rights. Cosmopolitan responsibilities and reforms*. 2nd ed.; Cambridge, Polity Press.

Polanyi, Karl (1978 [1944]): *The great transformation. Politische und ökonomische Ursprünge von Gesellschaften und Wirtschaftssystemen*. Frankfurt am Main, Suhrkamp.

Popper, Karl R. (1956): »Die öffentliche Meinung im Lichte der Grundsätze des Liberalismus«. Vortrag. Übers. In: Ordo: *Jahrbuch für die Ordnung von Wirtschaft und Gesellschaft* 8, S. 7–17.

Popper, Karl R. (1959): »The propensity interpretation of probability«. In: *British Journal for the Philosophy of Science* 10 (37), pp. 25–42.

Popper, Karl R. (1965): *Das Elend des Historizismus*. Tübingen, Mohr (Siebeck).

Popper, Karl R. (1965): »Prognose und Prophetie in den Sozialwissenschaften«. In: *Logik der Sozialwissenschaften*, S. 113–125.

Popper, Karl R. (1967): »La rationalité et le statut du principe de rationalité.« Trad. de l'anglais. In: *Les fondements philosophiques des systèmes économiques*, S. 142–150.

Popper, Karl R. (1974): *Objektive Erkenntnis. Ein evolutionärer Entwurf*. 2. Auflage Hamburg, Hoffmann und Campe.

Popper, Karl R. (1979): *Ausgangspunkte. Meine intellektuelle Entwicklung*. Hamburg, Hoffmann und Campe.

Popper, Karl R.; Eccles, John C. (1982): *Das Ich und sein Gehirn*. München, Piper.

Popper, Karl R.; Lorenz, Konrad; Kreuzer, Franz (Hg.) (1985): *Die Zukunft ist offen. Das Altenberger Gespräch*. München, Piper.

Popper, Karl R. (1984): *Auf der Suche nach einer besseren Welt*. Vorträge und Aufsätze aus dreißig Jahren. München, Piper.

Popper, Karl R. (1987): »Toleration and intellectual responsibility«. In: Susan Mendus and David Edwards (Hg.): *On Toleration*. Oxford [u. a.], Clarendon Press.

Popper, Karl R. (1990): *A world of propensities*. Bristol, Thoemmes.

Popper, Karl R. (1991): *»Ich weiss, dass ich nichts weiss – und kaum das«*. Karl Popper im Gespräch über Politik, Physik und Philosophie. Bonn, Frankfurt am Main, Berlin, Ullstein.

Popper, Karl R. (1992): *Die offene Gesellschaft und ihre Feinde*. 7. Auflage ff., Tübingen, Mohr.

Popper, Karl R. (1994): *Alles Leben ist Problemlösen. Über Erkenntnis, Geschichte und Politik*. München, Zürich, Piper.

Popper, Karl R. (1994): *Logik der Forschung*. 10., verb. und vermehrte Auflage, Tübingen, Mohr.

Popper, Karl R. (2006): *Conjectures and refutations. The growth of scientific knowledge*. London, Routledge.

Prigogine, Ilya (1998): *Die Gesetze des Chaos*. Frankfurt am Main, Insel-Verlag.

Rawls, John (1994): *Die Idee des politischen Liberalismus*. Aufsätze 1978–1989. Hg. v. Wilfried Hinsch. Frankfurt am Main, Suhrkamp.

Rawls, John (2017): *Eine Theorie der Gerechtigkeit*. 20. Auflage, Frankfurt am Main, Suhrkamp (Suhrkamp-Taschenbuch Wissenschaft, 271).

Rawls, John; Vetter, Hermann (1975): *Eine Theorie der Gerechtigkeit*. Frankfurt am Main, Suhrkamp.

Reckwitz, Andreas (2017): *Die Gesellschaft der Singularitäten. Zum Strukturwandel der Moderne*. Berlin, Suhrkamp.

Rockström, Johan; Klum, Mattias (2016): *Big world small planet*. Berlin, Ullstein.

Rodrik, Dani (2012): *The Globalization Paradox. Why global markets, states, and democracy can't coexist*. Oxford, Oxford University Press.

Rosa, Hartmut (2016): *Resonanz. Eine Soziologie der Weltbeziehung*. Berlin, Suhrkamp.

Rosling, Hans (2018): *Factfulness. Wir wir lernen die Welt so zu sehen, wie sie wirklich ist*. Berlin, Ullstein.

Santarius, Tilman (2012): *Der Rebound-Effekt. Über die unerwünschten Folgen der erwünschten Energieeffizienz.* Hg. v. Wuppertal Institut für Klima, Umwelt, Energie GmbH. Wuppertal. Online verfügbar unter http://www.santarius.de/wp-content/uploads/2012/03/Der-Rebound-Effekt-2012.pdf.

Scheler, Max (1928): *Die Stellung des Menschen im Kosmos.* Hamburg, Meiner.

Schmidbauer, Wolfgang (2015): *Enzyklopädie der dummen Dinge.* München, oekom.

Schwab, Klaus (2016): *The Fourth Industrial Revolution.* New York, Crown Business.

Sellars, Wilfrid (1997): *Empiricism and the philosophy of mind.* Harvard University Press.

Sen, Amartya (1970): *Collective Choice and Social Welfare.* San Francisco, Holden Day.

Sen, Amartya K. (1977): »Rational fools. A critique of the behavioral foundations of economic theory«. In: *Philosophy and Public Affairs* 6 (4), pp. 317–344.

Sen, Amartya (2011): *The idea of justice.* Cambridge, Mass., Belknap Press of Harvard University Press.

Sennett, Richard (2012): *Zusammenarbeit. Was unsere Gesellschaft zusammenhält.* München, Hanser.

Singer, Peter (2010): *The life you can save. How to do your part to end world poverty.* New York, Random House.

Spiegel, Peter; Alt, Franz (2017): *Gerechtigkeit. Zukunft für alle: die Grundsatzerklärung.* Gütersloh, Gütersloher Verlagshaus.

Steffen, Will; Broadgate, Wendy; Deutsch, Lisa; Gaffney, Owen; Ludwig, Cornelia (2015): »The trajectory of the Anthropocene. The Great Acceleration.« In: *The Anthropocene Review* 2 (1), pp. 81–98. DOI: 10.1177/2053019614564785.

Stiglitz, Joseph E. (2014): *Der Preis der Ungleichheit. Wie die Spaltung der Gesellschaft unsere Zukunft bedroht.* München, Pantheon.

Sykes, Bryan (2001): *Die sieben Töchter Evas. Warum wir alle von sieben Frauen abstammen. Revolutionäre Erkenntnisse der Gen-Forschung.* Bergisch Gladbach, Lübbe.

Taghizadegan, Rahim (2017): *Alles, was Sie über die Österreichische Schule der Nationalökonomie wissen müssen. Eine Einführung in die Austrian Economics.* München, FinanzBuch.

Thaler, Richard H. (2016): *Misbehaving.* New York, W. W. Norton & Company.

Thaler, Richard H.; Sunstein, Cass R. (2009): *Nudge. Improving decisions about health, wealth, and happiness.* New York, Penguin.

Thomas, William Isaac; Thomas, Dorothy Swaine (1928): *The child in America. Behavior problems and programs*. New York, A. A. Knopf.

Tillich, Paul (1961): *Wesen und Wandel des Glaubens. Weltperspektiven*. Berlin, Ullstein.

Trucost (Hg.) (2013): *Natural capital at risk: The top 100 externalities of business*. TEEB. TRUCOST PLC.

Vetter, Andrea (2017): »The matrix of convivial technology – Assessing technologies for degrowth«. In: *Journal of Cleaner Production*. DOI: 10.1016/j.jclepro.2017.02.195.

Wagenknecht, Sahra (2016): *Reichtum ohne Gier. Wie wir uns vor dem Kapitalismus retten*. Frankfurt am Main, New York, Campus.

Wallace-Wells, David (2017): »When will the planet be too hot for humans? Much, much sooner than you imagine«. In: *Daily Intelligencer* 2017, 09.07.2017 (2017-07-09). Online verfügbar unter http://nymag.com/daily/intelligencer/2017/07/climate-change-earth-too-hot-for-humans.html.

Weber, Max (1904): »Die ›Objektivität‹ sozialwissenschaftlicher und sozialpolitischer Erkenntnis«. In: *Archiv für Sozialwissenschaft und Sozialpolitik* 19 (1), S. 22–87.

Weber, Max (1988): *Gesammelte politische Schriften*. 5. Auflage. Tübingen, Mohr.

Weizsäcker, Ernst Ulrich von; Lovins, Amory B.; Lovins, L. Hunter (1995): *Faktor vier. Doppelter Wohlstand – halbierter Naturverbrauch. Der neue Bericht an den Club of Rome*. München, Droemer Knaur.

Weizsäcker, Ernst Ulrich von; Wijkman, Anders (2017): *Wir sind dran. Club of Rome: Der große Bericht. Was wir ändern müssen, wenn wir bleiben wollen. Eine neue Aufklärung für eine volle Welt*. Gütersloh, Gütersloher Verlagshaus.

Welch, Bryant (2008): *State of confusion. Political manipulation and the assault on the American mind*. New York, Thomas Dunne Books.

Welzer, Harald (2016): *Die smarte Diktatur. Der Angriff auf unsere Freiheit*. Frankfurt am Main, Fischer.

Whyte, L. L. (1948): *Die nächste Stufe der Menschheit*. Pan (Internationale Bibliothek für Psychologie und Soziologie). Online verfügbar unter https://books.google.de/books?id=XkJJnwEACAAJ.

Wilber, Ken (2017): *The religion of tomorrow. A vision for the future of the great traditions-more inclusive, more comprehensive, more complete-with integral Buddhism as an example*. Boulder, Shambhala.

Wolff, Robert Paul; Moore, Barrington; Marcuse, Herbert (1966): *Kritik der reinen Toleranz*. Frankfurt am Main, Suhrkamp.

Yalom, Irvin D. (1980): *Existential psychotherapy*. New York, Basic Books.

10

Autor

Der Dahrendorf-Schüler, Arzt, Psychiater und Ökonom, Ärztliche Direktor und Chefarzt der Diakonie Kliniken, Sachsen, Prof. Dr. rer. soc. Dr. med. Stefan Brunnhuber MA phil, Senator der Europäischen Akademie der Wissenschaft, Trustee der Weltakademie der Wissenschaften und Mitglied im Club of Rome, W-3 Professur für Psychologie und Nachhaltigkeit an der Hochschule Mittweida, übersetzt und aktualisiert das Konzept der Offenen Gesellschaft von Karl Popper für das noch junge, aber doch mächtige 21. Jahrhundert.

Nachhaltigkeit bei oekom

Die Publikationen des oekom verlags ermutigen zu nachhaltigerem Handeln: glaubwürdig & konsequent – und das schon seit 30 Jahren!

Bereits seit Herbst 2016 verzichten wir bei den meisten Büchern auf das Einschweißen in Plastikfolie. In unserem Jubiläumsjahr machen wir den nächsten Schritt und weiten den Plastikverzicht auf alle ab 2019 erscheinenden Hardcover-Titel aus.

Auch sonst sind wir weiter Vorreiter: Für den Druck unserer Bücher und Zeitschriften verwenden wir vorwiegend Recyclingpapiere (überwiegend mit dem Blauen Engel zertifiziert) und drucken mineralölfrei. Unsere Druckereien und Dienstleister wählen wir im Hinblick auf ihr Umweltmanagement und möglichst kurze Transportwege aus. Dadurch liegen unsere CO_2-Emissionen um 25 Prozent unter denen vergleichbar großer Verlage. Unvermeidbare Emissionen kompensieren wir zudem durch Investitionen in ein Gold-Standard-Projekt zum Schutz des Klimas und zur Förderung der Artenvielfalt.

Als Ideengeber beteiligt sich oekom an zahlreichen Projekten, um in der Branche einen hohen ökologischen Standard zu verankern. Über unser Nachhaltigkeitsengagement berichten wir ausführlich im Deutschen Nachhaltigkeitskodex (www.deutscher-nachhaltigkeitskodex.de). Schritt für Schritt folgen wir so den Ideen unserer Publikationen – für eine nachhaltigere Zukunft.

Dr. Christoph Hirsch
Programmplanung und Leiter Buch

Anke Oxenfarth
Leiterin Stabstelle Nachhaltigkeit